人体运动彩色解剖图谱系列 ▶

人体运动彩色解剖图谱

弹力带
减脂塑形训练

人邮体育解剖图谱编写组　编著

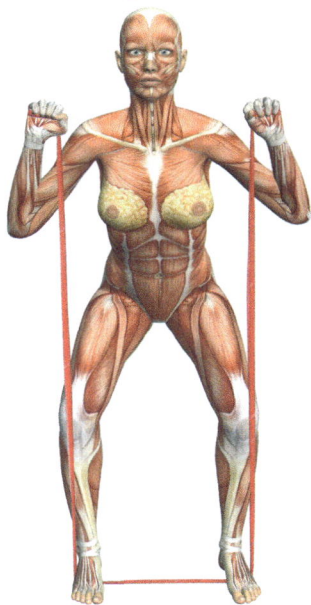

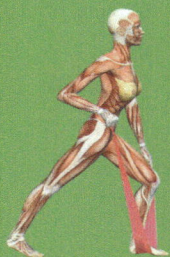

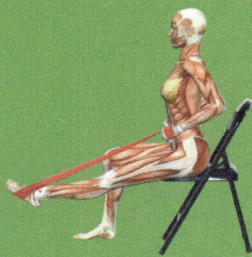

人民邮电出版社

北京

图书在版编目（ＣＩＰ）数据

人体运动彩色解剖图谱. 弹力带减脂塑形训练 / 人邮体育解剖图谱编写组编著. —— 北京 ： 人民邮电出版社，2022.9
ISBN 978-7-115-55376-8

Ⅰ. ①人… Ⅱ. ①人… Ⅲ. ①健身器械－健身运动－运动训练－图谱 Ⅳ. ①R322-64

中国版本图书馆CIP数据核字(2020)第232838号

内 容 提 要

对于想要利用简单工具进行减脂塑形的健身新手来说，本书是一本必备的超详细健身指南。本书提供了80个经典的、针对全身各部位的弹力带训练动作，国家队体能教练亲自设计的新手健身方案，以及必备的基础健身知识。书中的每一个动作都配有专业健身教练示范的动作图解，高清3D肌肉解剖图及全面的健身建议，指出该训练动作的锻炼步骤、主要锻炼的肌肉、正确的呼吸方法和新手常见的错误。所有这一切都是为了让健身新手更快地拥有令人心动的完美身材。

本书大部分训练动作不受场地限制，适合健身新手、居家健身的人群阅读，对于健身教练、体能教练也具有一定的参考价值。

◆ 编　　著　人邮体育解剖图谱编写组
责任编辑　裴　倩
责任印制　周昇亮

◆ 人民邮电出版社出版发行　　北京市丰台区成寿寺路 11 号
邮编　100164　　电子邮件　315@ptpress.com.cn
网址　https://www.ptpress.com.cn
三河市君旺印务有限公司印刷

◆ 开本：700×1000　1/16
印张：12.5　　　　　　　　　　2022 年 9 月第 1 版
字数：272 千字　　　　　　　　2025 年 7 月河北第 3 次印刷

定价：69.80 元

读者服务热线：(010)81055296　印装质量热线：(010)81055316
反盗版热线：(010)81055315

在线视频访问说明

本书提供部分训练视频，您可以通过微信的"扫一扫"功能，扫描本页的二维码进行观看。

● 步骤1

点击微信聊天界面右上角的"+"，弹出功能菜单（如图1所示）。

● 步骤2

点击弹出的功能菜单上的"扫一扫"，进入该功能界面，扫描本页的二维码。

● 步骤3

如果您未关注"人邮体育"微信公众号，在第一次扫描后会出现"人邮体育"微信公众号的二维码（如图2所示）。关注"人邮体育"微信公众号之后，点击"资源详情"（如图3所示）即可观看视频。

如果您已经关注了"人邮体育"微信公众号，扫描后可以直接观看视频。

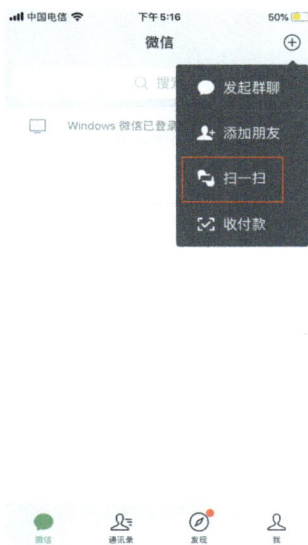

图1

图2

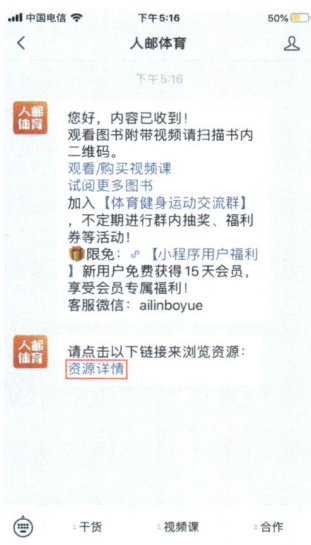

图3

目 录 CONTENTS

第 1 章 综述 9

什么是抗阻训练 10

为什么用弹力带训练 10

选择弹力带 10

开始训练之前的注意事项 11

第 2 章 热身训练 13

全身舒展 14

俯卧 YTW 伸展 16

开合跳 18

前后交叉小跳 20

正踢腿 22

缓冲深蹲 24

合掌跳 26

高抬腿跳绳 28

第 3 章 上肢训练 31

双臂前平举 32

双臂侧平举 34

双臂肩上推举 36

双臂下拉 38

反向飞鸟 40

拉弓 42

单臂水平屈臂伸 44

单臂剪草机后拉 46

肩关节旋内 48

单臂屈臂伸 50

单臂长号胸前推 52

双臂弯举 54

双臂反向弯举 56

前臂旋转 58

双臂高拉 60

双侧耸肩 62

单侧伸腕练习 64

双臂屈臂伸 66

第4章 | 下肢训练 69

半蹲侧向走 70

阻力前弓步 72

髋关节后伸 74

单侧髋内收 76

单侧髋后伸 78

单侧髋外展 80

单侧腘绳肌收缩 82

双臂硬拉 84

深蹲 86

单侧踝跖屈 88

单侧蹬腿 90

侧向走 92

双脚提踵 94

第5章 胸背训练 97

飞鸟 98
胸前水平推 100
双臂胸前斜向推 102
弓步前推 104
斜角下拉 106
爆发力前推 108
肩关节单臂水平内收 110
双臂俯身后拉 112
挺身练习 114
直腿后拉 116

第6章 核心训练 119

稳定上提 120
稳定下砍 122
躯干侧屈 124
躯干旋转 126
躯干侧屈 – 过顶 128
脚踩弹力带旋转上提 130
旋转上提 132
旋转下砍 134
坐姿卷腹 136
半程卷腹 138
双腿臀桥 140
俯卧撑 142
反向平板 144
侧桥 146

第 7 章 弹力带与瑞士球组合训练 149

坐姿双臂胸前推 150
仰卧双臂胸前推 152
坐姿飞鸟 154
仰卧飞鸟 156

第 8 章 弹力带与哑铃组合训练 159

双臂前平举 160
单臂基本弯举 162
双臂飞鸟 164
双臂胸前推 166

第 9 章 拉伸训练 169

坐式头部倾斜 170
手臂后伸屈肘 172
动态弓形 174
屈膝 176
动态侧弓步 178
三角式 180
站立式 4 字体形 182
动态仰卧式伸膝 184
腘绳肌拉伸 186

第 10 章 训练计划 189

上肢减脂塑形 190
下肢减脂塑形 194
核心减脂塑形 198

01

CHAPTER ONE

第1章
综述

什么是抗阻训练

抗阻训练是利用对抗阻力的方式来提高肌肉力量或增强肌肉耐力的训练方式。在一定程度上来说，"抗阻训练"与"力量训练"这两个词可以互相替换，即抗阻训练也就是力量训练。阻力可以来自自身体重或某个重物，也可以来自弹力带。

为什么用弹力带训练

弹力带是进行抗阻训练很好的工具，这是由弹力带的特性以及抗阻训练的特点决定的。在抗阻训练中，负荷是逐渐增加的。随着负荷的逐步增加，肌肉在承受压力的过程中，充分感受到刺激，最终逐渐增强肌肉力量和耐力。逐步增加负荷，需求的负荷是持续性的（即肌肉在抗阻训练过程中，承受的负荷是持续性的，而不是瞬时完成的动作），抗阻训练的这个特点和需求，弹力带都可以满足。弹力带的阻力来源于自身的拉长过程，大部分动作不能瞬间拉伸到位，动作还原时也需要控制力量慢慢收回，这个过程可以提供持续的、可调节的阻力，满足训练者不同的训练水平与要求。并且弹力带小巧轻便，可以随身携带，无论身在何处，只要方便，随时可以进行训练。

用弹力带进行抗阻训练，在收获健康体魄的同时，还能改善我们身体的各项健康指标。

首先是肌肉与骨骼的改变。经过有规律的、长时期的抗阻训练后，肌肉的维度会得到增加，肌肉的力量与耐力也会得到提升。弹力带训练尤其适合提高肌肉的控制能力，改善身体的平衡感。骨骼的改变与肌肉的改善是相互促进的关系。肌肉力量的提升，使运动变得更为有效，充足的运动使骨骼能够吸收到充分的钙质，这有助于提升骨密度，也有助于提升运动能力与健康水平。

其次是身体各系统功能得到改善。弹力带可以和多种器械组合使用，带来多样化的训练。无论是新陈代谢系统，还是血液循环系统、呼吸系统，都会从中受益。

最后是身体柔韧性得到提高。弹力带良好的延展性，可以使关节在最大范围内活动，使四肢和躯干充分打开、旋转，从而使肌肉的柔韧性与关节的灵活性都可以得到提升。

选择弹力带

弹力带阻力的大小，与训练强度的大小有很大关系。要选择适合自己的弹力带，即选择阻力与自己训练水平相符的弹力带。弹力带的阻力，通常通过它的颜色表现出来：颜色越浅，阻力越小；颜色越深，阻力越大。例如粉色和黄色弹力带颜色浅，阻力小；绿色和红色弹力带颜色稍深，阻力中等；黑色和灰色弹力带颜色深，阻力大。在选择时，要多次试拉弹力带，根据自身的感觉，选择合适的弹力带。

开始训练之前的注意事项

拥有自己的弹力带后，在开始训练之前，应该先了解一下弹力带训练的注意事项，把握正确的训练方法。注意事项如下。

明确自己的训练目标，制订合适的训练计划。训练者要先了解一下自身的健康水平，来决定训练的方向。比如，男士为了增加肌肉维度，可以采用阻力大、重复次数少的训练计划。女士为了使身形更纤美，可以采用阻力小、重复次数多的训练计划。有了合适的方向，有的放矢，才会收获阶段性的锻炼成果，也更容易建立自信心，最终使整个训练效果更理想。

训练时要保持正确姿势：抬头、挺胸、收腹、膝盖和脚尖方向一致。抬头是为了保持颈椎的正常生理弯曲。在生活中，由于不良的坐姿，很多人会形成头部前伸的习惯。这种姿势不能用在训练过程中，否则会继续对颈椎造成不好的影响，使其周围肌肉僵硬或颈椎退化。挺胸时身体各部分恰好处于合适的位置，肩部也会处于放松状态，在运动时，这样有助于关节处于正常的运动状态，并避免产生运动磨损。保持腹部内收、背部挺直、身体核心部位的肌肉收紧，有利于保持身体稳定。膝盖与脚尖的方向保持一致，可以保证膝关节在正常范围内运动，保证身体的稳定性，从而使整个训练效果更好。

训练前进行热身，训练后进行拉伸。训练前进行热身，可加速血液循环，激活身体机制，以适应训练需求。训练后对身体各部位进行拉伸，可以加速新陈代谢，有助于把运动时产生的乳酸及时排出体外。在训练完2小时后，可能会有肌肉的酸痛感，第二天早上醒来后这种酸痛感更加强烈，这属于"延迟性肌肉酸痛"现象，但这种酸痛感会逐渐减轻。如果出现酸痛感加重的情况，那么很可能是选择了不适合自己的弹力带，或者运动量设计得不合理。这时，我们需要重新选择弹力带或者改变训练计划。

02

CHAPTER TWO

第2章
热身训练

全身舒展

锻炼目标
- 全身

锻炼器械
- 徒手

级别
- 初级

呼吸提示
- 全程均匀呼吸

注意
- 配合呼吸缓慢运动
- 双腿保持伸直

❶ 身体呈站姿，双脚间距略比肩宽，双手自然垂落于身体两侧，目视前方。

❷ 躯干下俯至尽可能与地面平行，双臂交叉。

❸ 起身，同时双臂经身体两侧上举画弧，至头部上方，双手交叉。

- **避免**

  动作速度过快
  双腿弯曲

- **正确做法**

  手臂与身体协调，同步运动

❹ 双臂从头部上方缓慢向身体两侧打开、伸直，成一条直线。

❺ 双臂下放，恢复准备姿势。完成规定的次数。

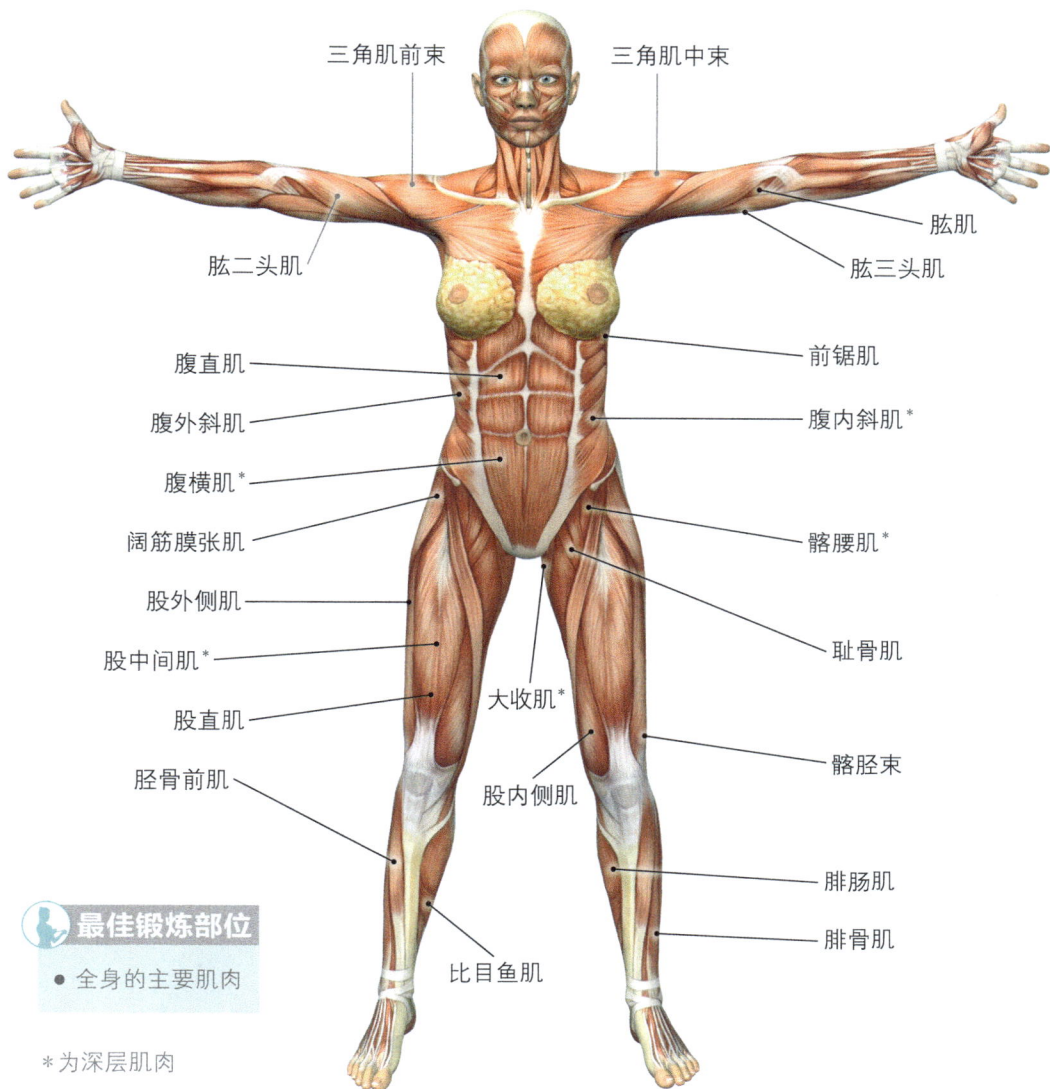

三角肌前束　　三角肌中束

肱肌

肱二头肌

肱三头肌

腹直肌

前锯肌

腹外斜肌

腹内斜肌*

腹横肌*

髂腰肌*

阔筋膜张肌

股外侧肌

耻骨肌

股中间肌*

股直肌

大收肌*

髂胫束

胫骨前肌

股内侧肌

腓肠肌

腓骨肌

比目鱼肌

最佳锻炼部位

● 全身的主要肌肉

＊为深层肌肉

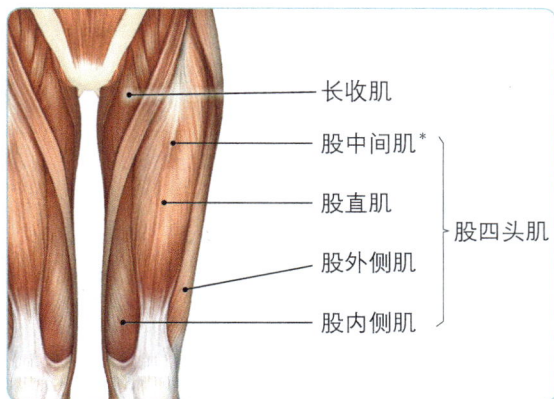

长收肌

股中间肌*

股直肌

股四头肌

股外侧肌

股内侧肌

解析关键

黑色字体为主要锻炼的肌肉
灰色字体为次要锻炼的肌肉

小提示

手臂上举时，感受整个腹部及胸部有明显牵拉感。上身下俯时，背部及大腿后侧产生牵拉感。

俯卧YTW伸展

① 身体呈俯卧姿，面部朝下，双手握紧，拇指朝上，双臂与身体呈"Y"字形。

② 保持身体姿势不变，双臂向下，与身体呈"T"字形。同时双臂向后打开，挤压背部肌肉。

③ 双臂屈肘，后缩至与身体呈"W"字形，双肘夹紧，挤压背部肌肉。完成规定的次数。

锻炼目标
- 肩部
- 背部

锻炼器械
- 徒手

级别
- 初级

呼吸提示
- 发力时呼气，还原时吸气

注意
- 身体保持稳定

- **避免**

腰部发力
双脚脚尖离地
双肩上耸

- **正确做法**

全程躯干保持挺直
头部保持中立位
手臂与躯干在同一平面

三角肌

肩胛提肌

三角肌

斜方肌

菱形肌*

背阔肌

三角肌

肱三头肌

桡侧腕短伸肌

前锯肌

臀大肌

股外侧肌

最佳锻炼部位

- 斜方肌
- 背阔肌
- 三角肌

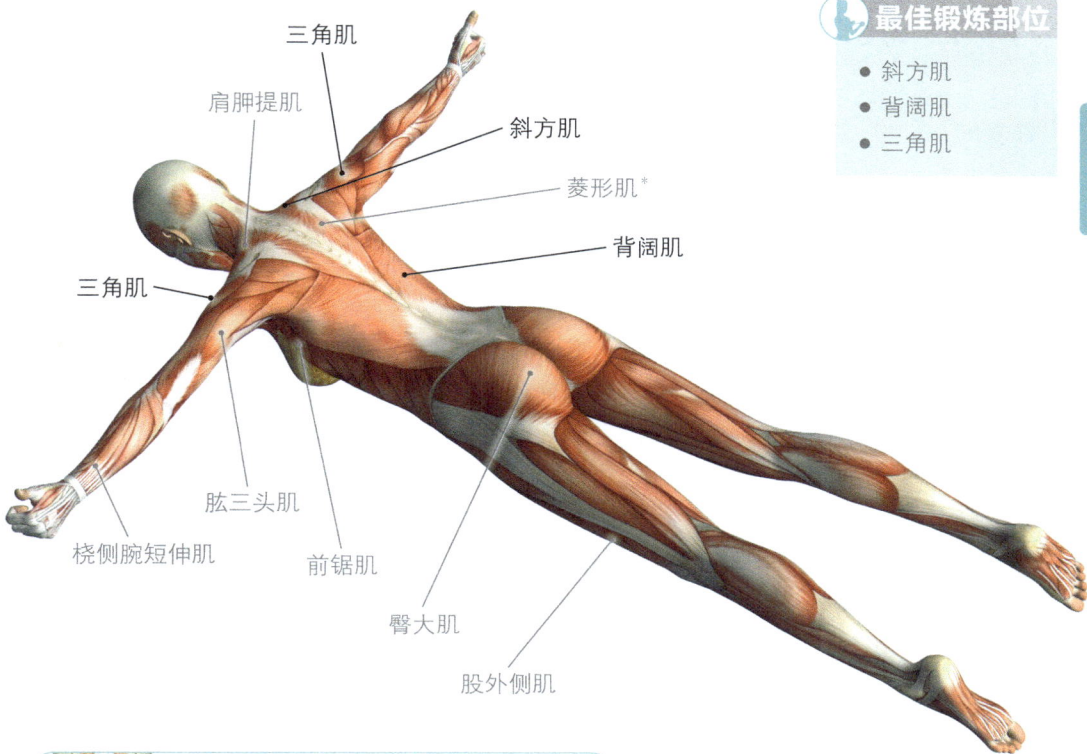

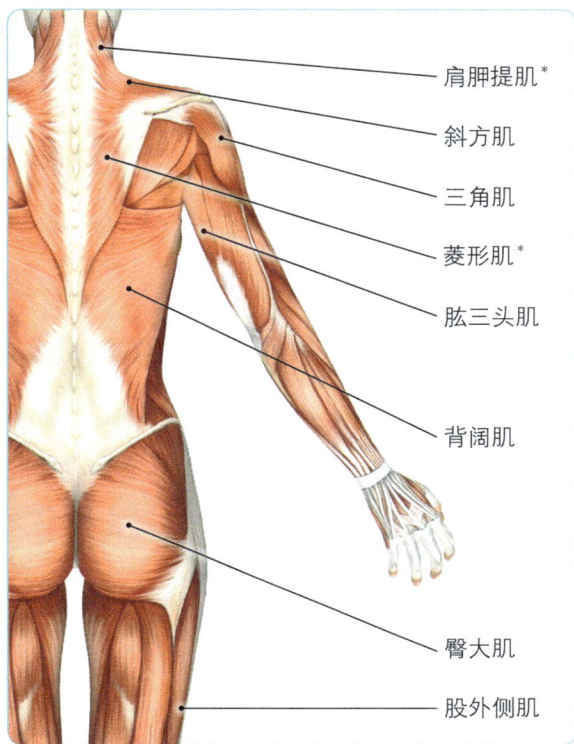

肩胛提肌*

斜方肌

三角肌

菱形肌*

肱三头肌

背阔肌

臀大肌

股外侧肌

◆ 解析关键

黑色字体为主要锻炼的
肌肉
灰色字体为次要锻炼的
肌肉

开合跳

① 身体呈站姿，双脚间距与肩同宽，挺胸收腹，目视前方。

② 保持躯干挺直，双腿发力，向上跳起，双脚打开，同时双臂向上，双手于头部上方击掌。

锻炼目标
● 全身

锻炼器械
● 徒手

级别
● 初级

呼吸提示
● 全程均匀呼吸

注意
● 膝关节适当屈膝缓冲

● **避免**
落地时脚跟过度用力
膝关节超过脚尖

● **正确做法**
上下肢摆动要协调配合
核心收紧、手臂伸直，身体充分伸展

③ 继续运动，双臂伸直向身体两侧打开，恢复准备姿势。完成规定的次数。

长收肌
缝匠肌
股中间肌*
股直肌
股外侧肌
股内侧肌

竖脊肌*
背阔肌
多裂肌
臀大肌
半腱肌
股二头肌

前锯肌
腹外斜肌
腹内斜肌*
阔筋膜张肌
股直肌
髂胫束
股外侧肌
胫骨前肌
趾长伸肌

腹直肌
腹横肌*
髂肌
耻骨肌
长收肌
缝匠肌
股中间肌*
股内侧肌
腓肠肌
比目鱼肌
姆长屈肌*

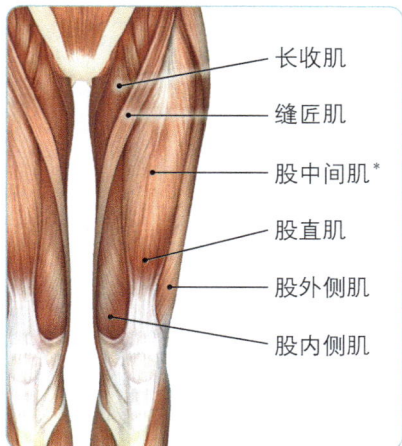

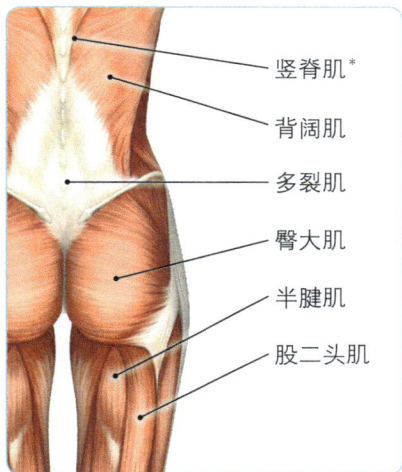

最佳锻炼部位

● 全身的主要肌肉

◆ **解析关键**

黑色字体为主要锻炼的
肌肉
灰色字体为次要锻炼的
肌肉

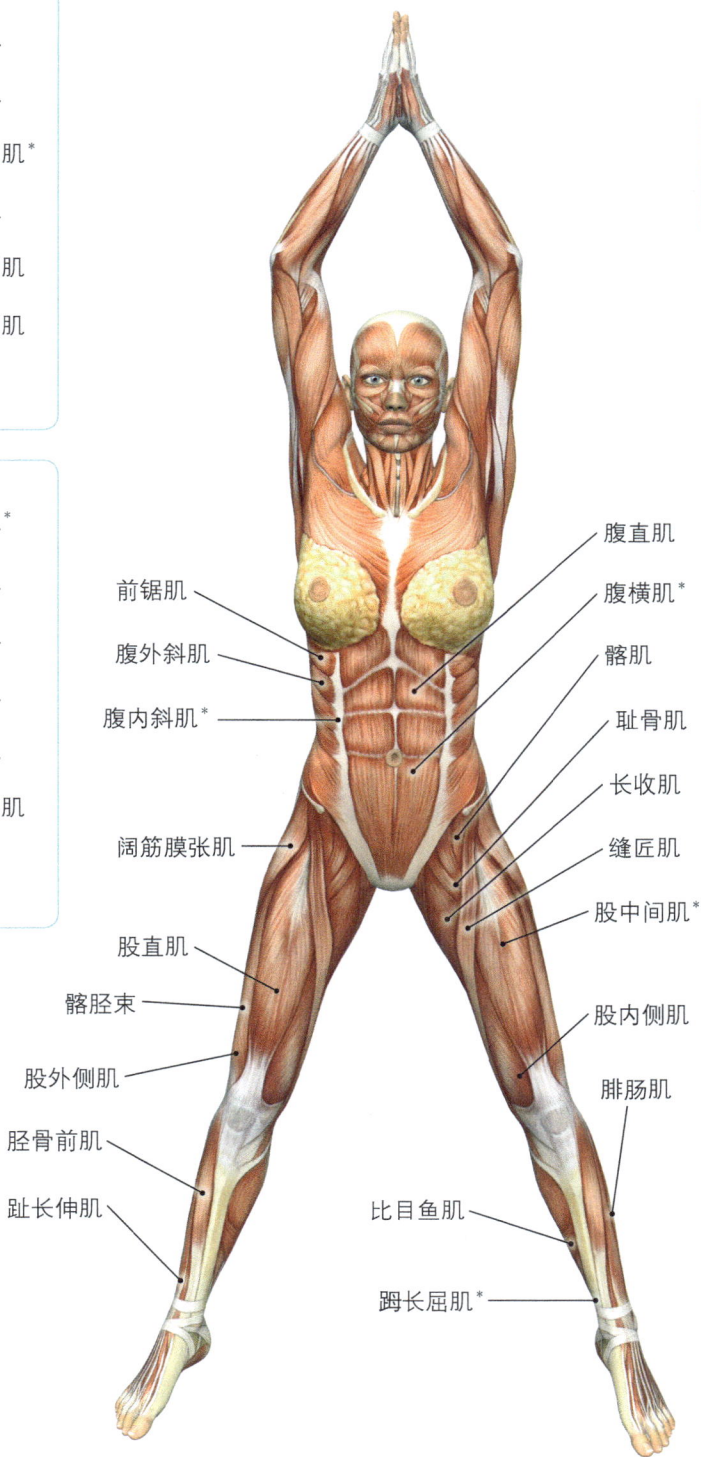

前后交叉小跳

❶ 身体呈站姿，双脚间距与肩同宽。挺胸收腹，目视前方。

❷ 左脚向前跳起，同时双臂随动作前后摆动。

锻炼目标
● 全身

锻炼器械
● 徒手

级别
● 初级

呼吸提示
● 全程保持均匀呼吸

注意
● 动作轻松、流畅

● **避免**
背部弯曲
膝盖抬起过高

● **正确做法**
核心收紧，躯干保持稳定
四肢协调摆动

❸ 继续运动，双脚交替前后跳跃，保证动作轻松、流畅。完成规定的次数。

最佳锻炼部位

● 全身的主要肌肉

◆ 解析关键

黑色字体为主要锻炼的肌肉

灰色字体为次要锻炼的肌肉

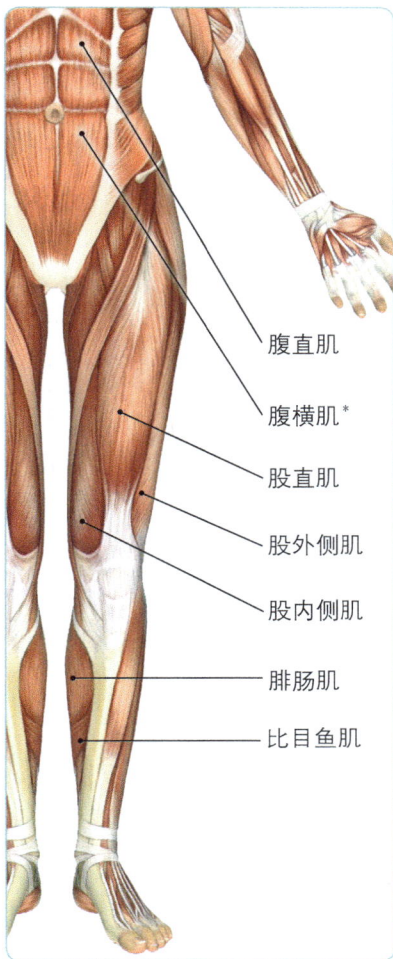

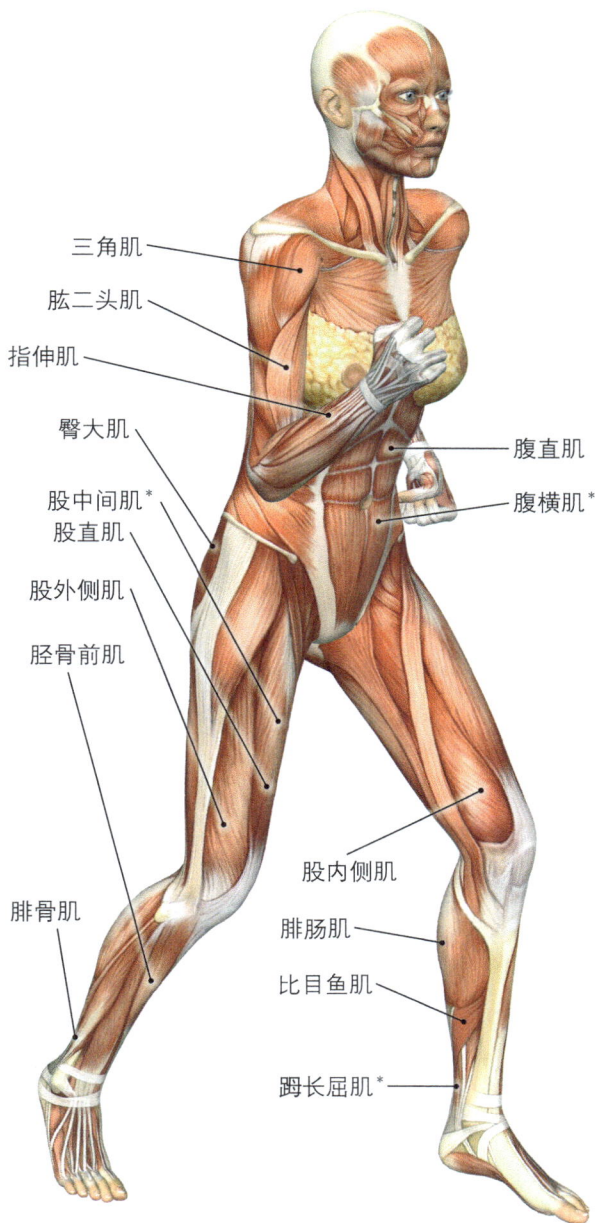

三角肌

肱二头肌

指伸肌

臀大肌

股中间肌*

股直肌

股外侧肌

胫骨前肌

腓骨肌

腹直肌

腹横肌*

股内侧肌

腓肠肌

比目鱼肌

蹬长屈肌*

腹直肌

腹横肌*

股直肌

股外侧肌

股内侧肌

腓肠肌

比目鱼肌

☀ 小提示

运动过程中，注意始终保持核心收紧。

正踢腿

❶ 身体呈站姿，双脚间距略比肩宽，挺胸收腹，目视前方。

● **避免**

抬腿时弯腰
支撑腿弯曲

● **正确做法**

核心收紧，背部挺直

锻炼目标

● 大腿

锻炼器械

● 徒手

级别

● 初级

呼吸提示

● 抬腿时呼气，下放时吸气

注意 ⚠

● 保持身体平衡
● 双臂与双腿伸直

❷ 保持身体姿势不变，双臂伸直上举，掌心相对，指尖向上，双臂间距与肩同宽。

❸ 保持躯干挺直，左腿伸直上抬至尽可能与地面平行，同时双臂伸直向下，双手落于膝盖两侧。双腿交替进行。完成规定的次数。

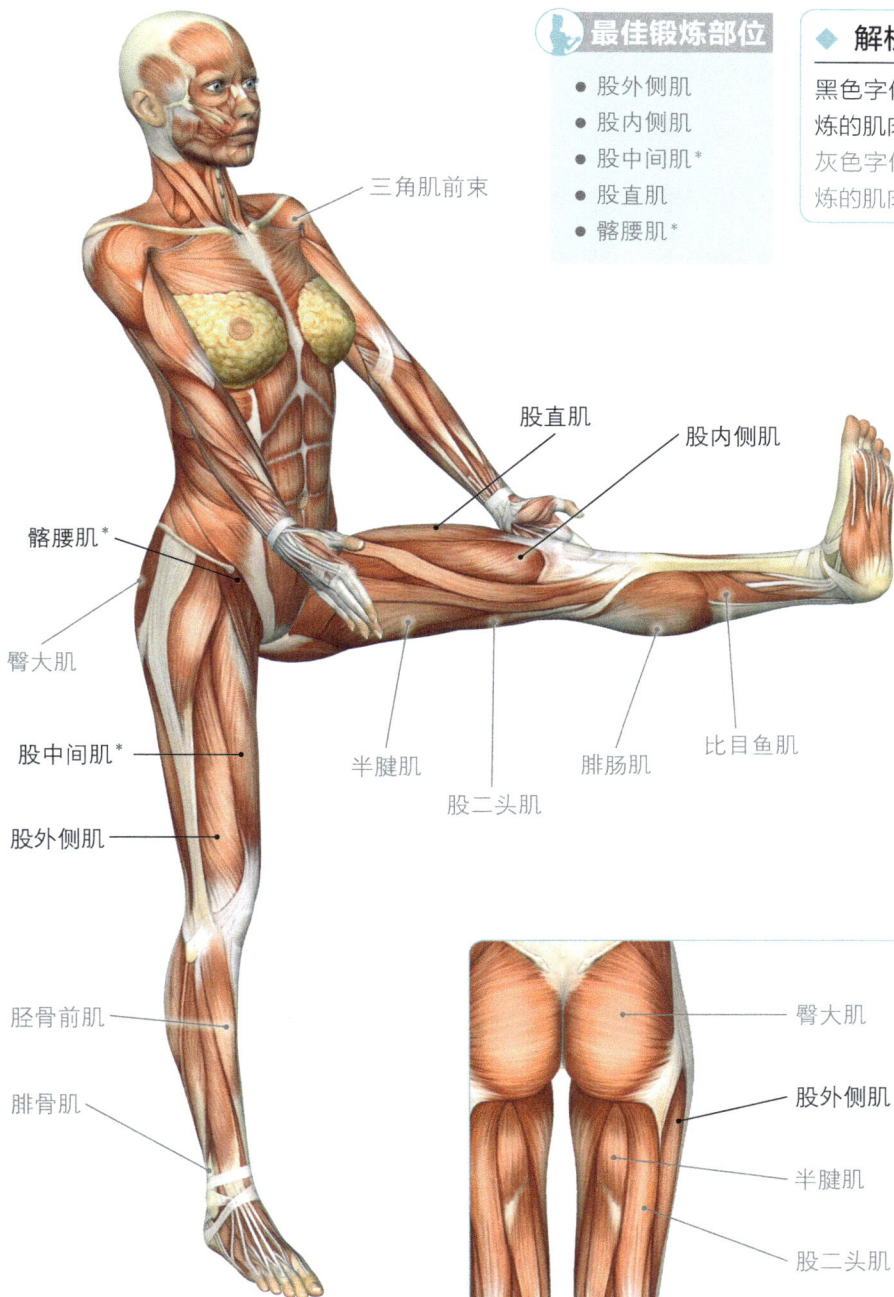

最佳锻炼部位

- 股外侧肌
- 股内侧肌
- 股中间肌*
- 股直肌
- 髂腰肌*

◆ 解析关键

黑色字体为主要锻炼的肌肉

灰色字体为次要锻炼的肌肉

三角肌前束

股直肌

股内侧肌

髂腰肌*

臀大肌

股中间肌*

股外侧肌

胫骨前肌

腓骨肌

半腱肌

股二头肌

腓肠肌

比目鱼肌

☀ 小提示

动作不宜过快。

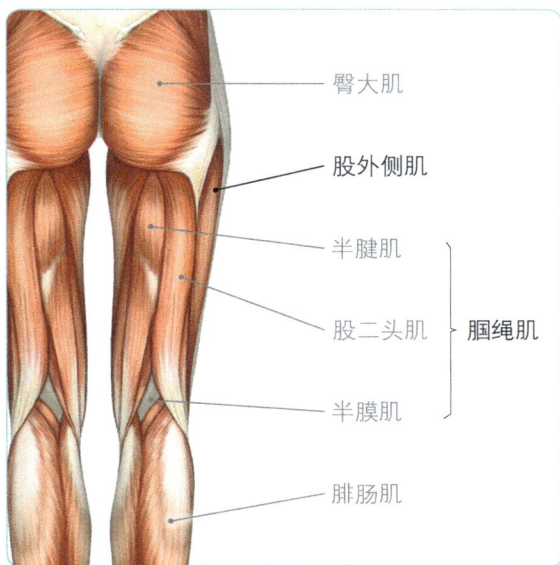

臀大肌

股外侧肌

半腱肌

股二头肌

半膜肌

腘绳肌

腓肠肌

缓冲深蹲

❶ 双腿屈膝下蹲，双脚
间距略比肩宽。双臂
伸直向前平举，背部
挺直，目视前方。

❷ 双腿发力，迅速向上
跳。同时双臂伸直向
下，落于身体两侧。保
持背部挺直。

锻炼目标
- 臀部
- 腿部
- 核心

锻炼器械
- 徒手

级别
- 中级

呼吸提示
- 全程均匀呼吸

注意 ⚠️
- 身体竖直跳起
- 落地时适当缓冲

- **避免**

膝盖内扣或外分

- **正确做法**

核心收紧，腰背挺直
大腿发力，快速起跳

❸ 双腿屈膝，平稳
落地，双臂向前
平举，恢复准备
姿势。完成规定
的次数。

- 臀大肌
- 股外侧肌
- 股内侧肌
- 股中间肌*
- 股直肌
- 半腱肌
- 股二头肌
- 半膜肌
- 腓肠肌
- 比目鱼肌
- 腹直肌
- 腹横肌*
- 腹外斜肌
- 腹内斜肌*

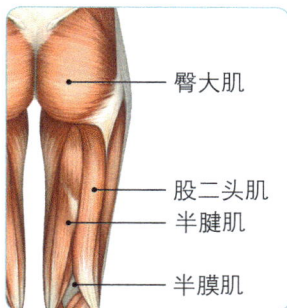

臀大肌

股二头肌
半腱肌

半膜肌

◆ **解析关键**

黑色字体为主要锻炼的肌肉
灰色字体为次要锻炼的肌肉

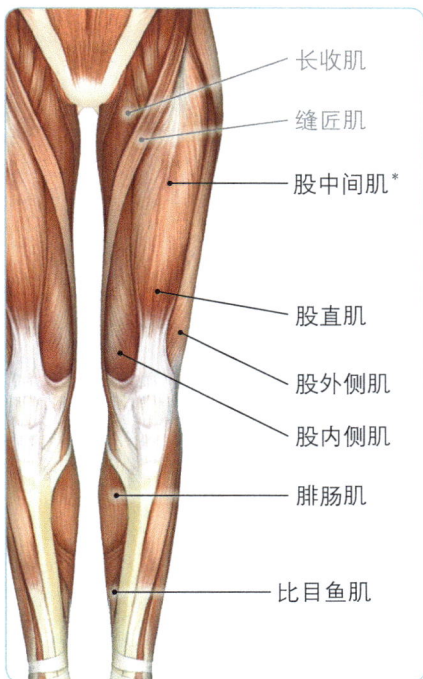

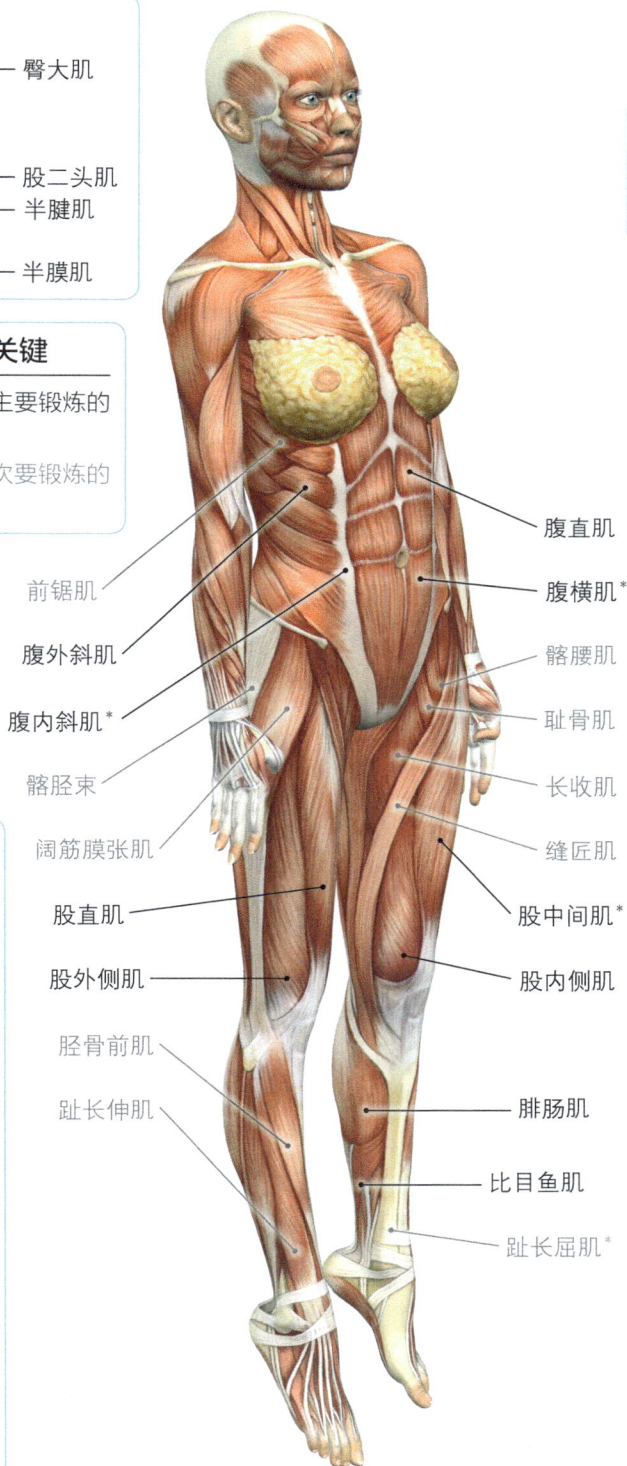

前锯肌

腹外斜肌

腹内斜肌*

髂胫束

阔筋膜张肌

股直肌

股外侧肌

胫骨前肌

趾长伸肌

腹直肌

腹横肌*

髂腰肌

耻骨肌

长收肌

缝匠肌

股中间肌*

股内侧肌

腓肠肌

比目鱼肌

趾长屈肌*

长收肌

缝匠肌

股中间肌*

股直肌

股外侧肌

股内侧肌

腓肠肌

比目鱼肌

合掌跳

① 身体呈站姿，躯干挺直，双臂伸直，向身体两侧打开，掌心向前，同时跳起，左脚向前迈步。

● 避免

肩部绷紧、上耸动作过慢，过于松散

● 正确做法

腰腹部始终收紧四肢协调摆动

锻炼目标
● 全身

锻炼器械
● 徒手

级别
● 中级

呼吸提示
● 全程保持均匀呼吸

注意 ⚠️
● 双臂保持水平

② 继续运动，胸部发力，双臂向前，双手合拢。同时跳起，双脚交替位置。完成规定的次数。

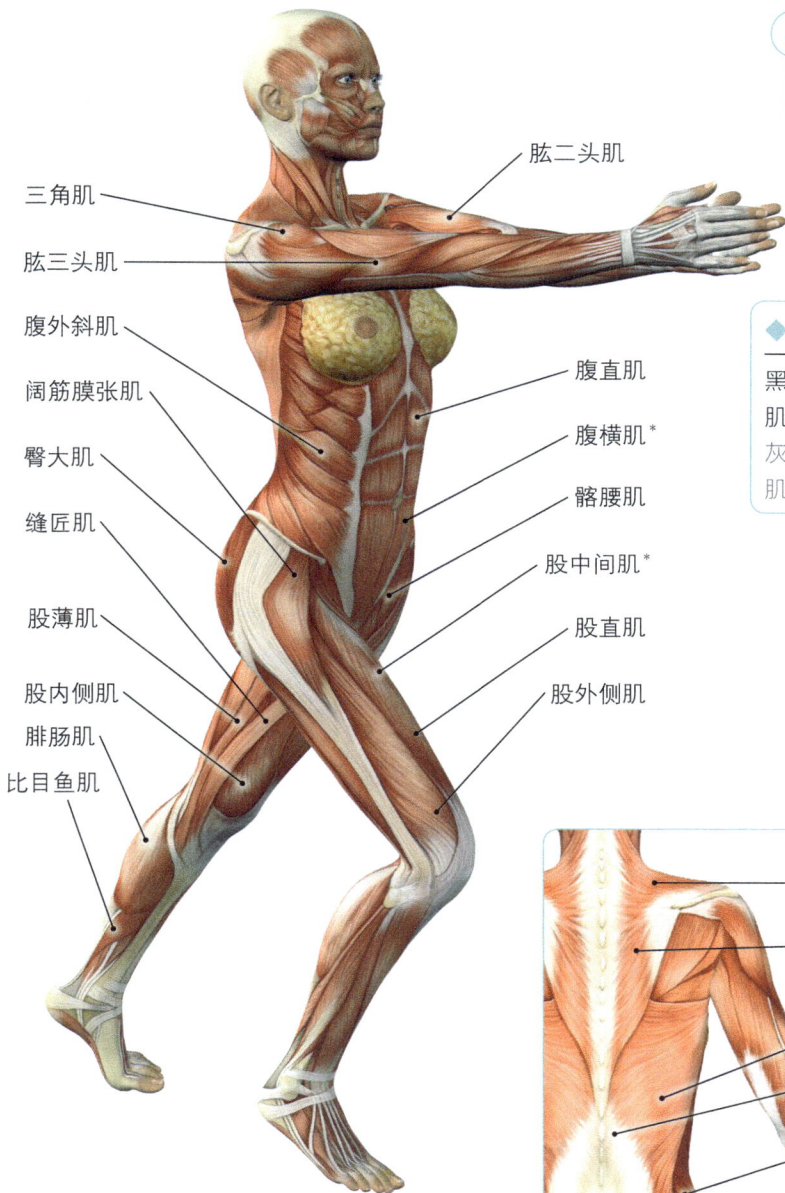

三角肌

肱三头肌

腹外斜肌

阔筋膜张肌

臀大肌

缝匠肌

股薄肌

股内侧肌

腓肠肌

比目鱼肌

肱二头肌

腹直肌

腹横肌*

髂腰肌

股中间肌*

股直肌

股外侧肌

解析关键

黑色字体为主要锻炼的肌肉

灰色字体为次要锻炼的肌肉

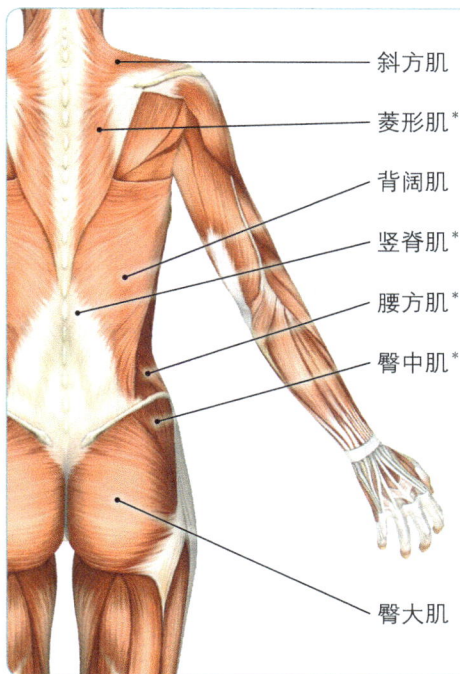

斜方肌

菱形肌*

背阔肌

竖脊肌*

腰方肌*

臀中肌*

臀大肌

小提示

保持动作轻盈，身体放松，不要僵硬。

高抬腿跳绳

① 双肩放松，双臂略微屈肘并向身体两侧打开，用手腕力量做跳绳动作，同时左腿向上抬至膝盖大约与腹部同高。

● **避免**

双脚落地过重弯腰弓背

● **正确做法**

身体挺直，核心收紧蹬腿、摆臂时一定要迅速有力

锻炼目标

● 全身

锻炼器械

● 徒手

级别

● 中级

呼吸提示

● 全程保持均匀呼吸

注意 ⚠

● 前脚掌落地
● 跳起动作轻盈、迅速

② 动作不停，双腿交替上抬。完成规定的次数。

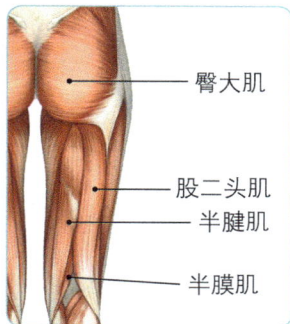

臀大肌

股二头肌
半腱肌
半膜肌

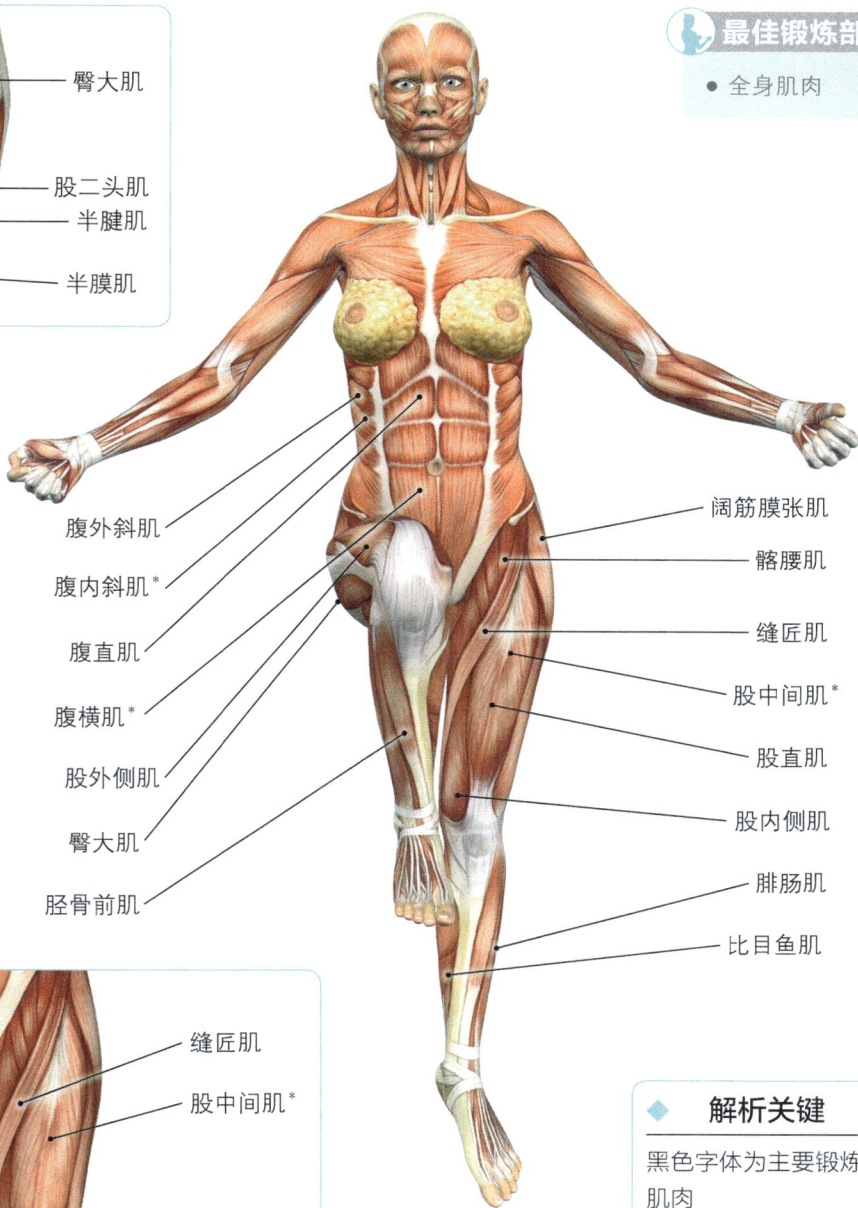

腹外斜肌

腹内斜肌*

腹直肌

腹横肌*

股外侧肌

臀大肌

胫骨前肌

阔筋膜张肌

髂腰肌

缝匠肌

股中间肌*

股直肌

股内侧肌

腓肠肌

比目鱼肌

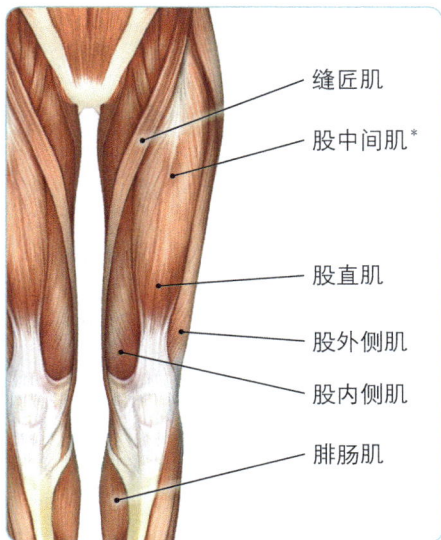

缝匠肌

股中间肌*

股直肌

股外侧肌

股内侧肌

腓肠肌

◆ 解析关键

黑色字体为主要锻炼的
肌肉
灰色字体为次要锻炼的
肌肉

☀ 小提示

双臂配合双腿快速摆动。

03

CHAPTER THREE

第3章
上肢训练

双臂前平举

❶ 身体呈站姿，双脚前后站立，前脚踩住弹力带中间，双手分别紧握弹力带两端，双臂伸直，上抬至与地面大约成45度，保持弹力带绷直。

锻炼目标
- 肩部

锻炼器械
- 弹力带

级别
- 初级

呼吸提示
- 手臂下降时吸气，手臂上抬时呼气

注意 ⚠️
- 核心收紧
- 双臂同时上抬

- **避免**

通过身体晃动借力
肩膀上耸

- **正确做法**

躯干挺直，核心收紧

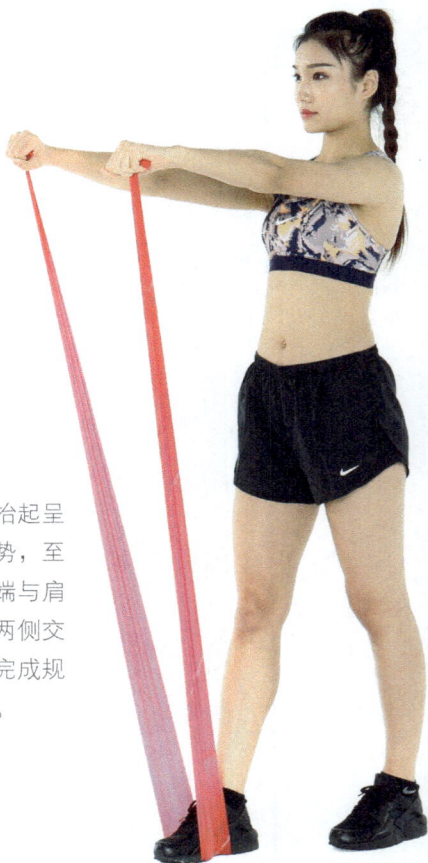

❷ 保持双臂伸直并继续向上抬起。

❸ 双臂向上抬起呈前平举姿势，至弹力带两端与肩部齐平。两侧交替进行，完成规定的次数。

最佳锻炼部位

● 三角肌

尺侧腕屈肌

肱二头肌

三角肌前束

三角肌中束

三角肌后束

肱三头肌

胸大肌

变式练习

双手握紧弹力带两端，保持弹力带绷直。双臂交替进行前平举。

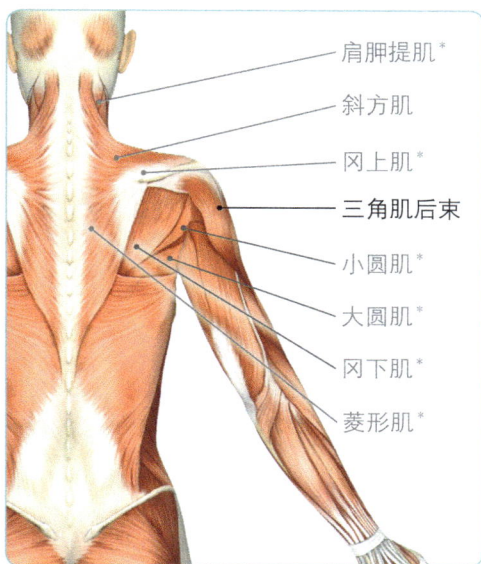

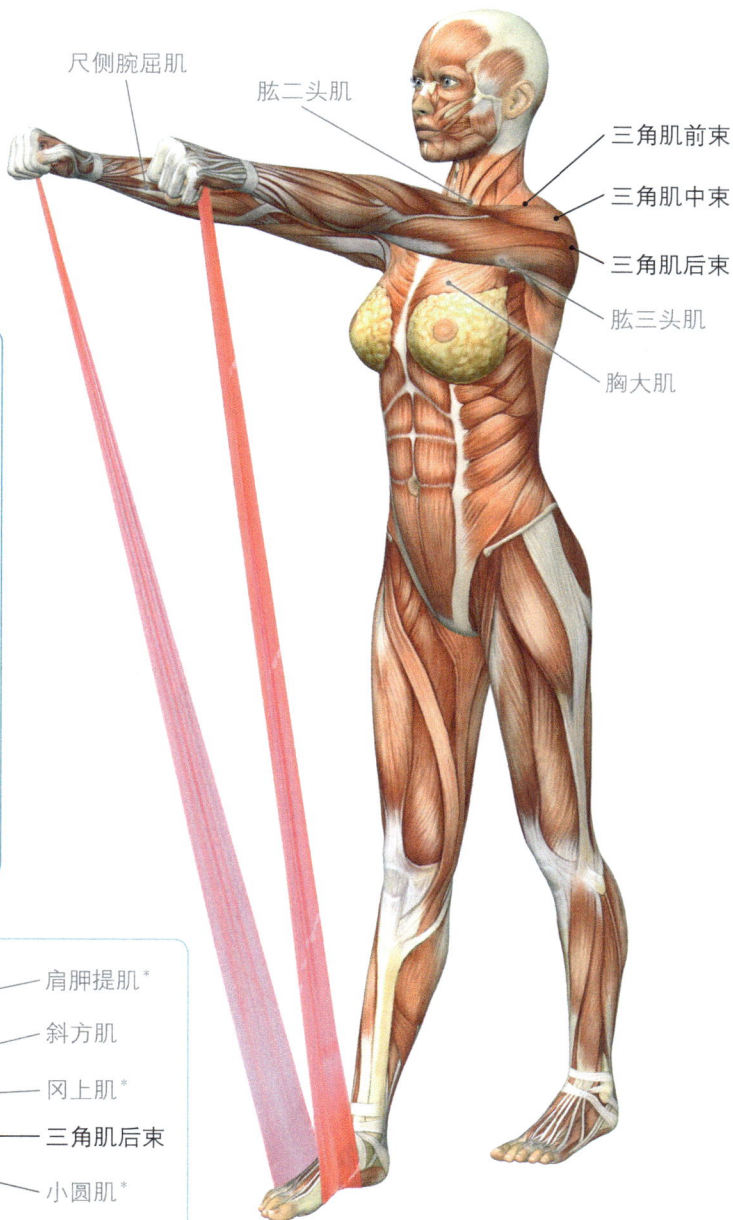

肩胛提肌*

斜方肌

冈上肌*

三角肌后束

小圆肌*

大圆肌*

冈下肌*

菱形肌*

◆ **解析关键**

黑色字体为主要锻炼的肌肉

灰色字体为次要锻炼的肌肉

双臂侧平举

❶ 身体呈站姿，双脚前后站立，前脚踩住弹力带中间位置，双手分别握紧弹力带两端。双臂向身体两侧展开，保持弹力带绷直。

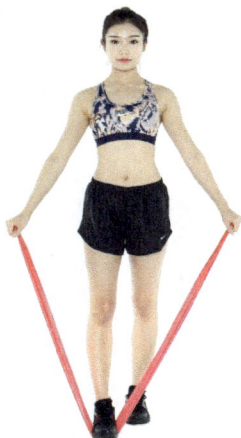

❷ 保持双臂伸直，继续向身体两侧抬起。

● **避免**

双脚移动位置
双臂侧平举高度超过肩部的高度
肩部上耸

● **正确做法**

核心收紧
身体挺直，目视前方

锻炼目标

● 肩部

锻炼器械

● 弹力带

级别

● 初级

呼吸提示

● 手臂下降时吸气，手臂上抬时呼气

注意 ⚠

● 若肩部存在伤病，则不建议进行此项训练

❸ 双臂继续向身体两侧上抬，呈侧平举姿势，将弹力带拉起至与肩部齐平。恢复准备姿势。完成规定的次数。

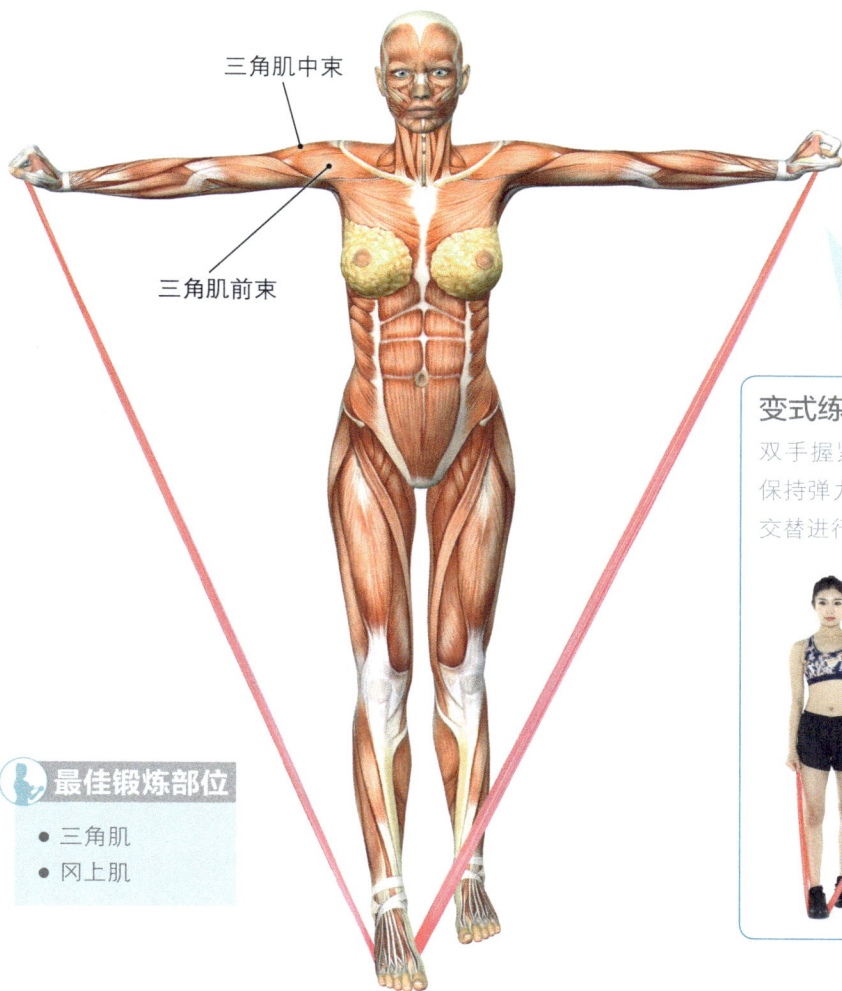

三角肌中束

三角肌前束

变式练习

双手握紧弹力带两端，保持弹力带紧绷，双臂交替进行侧平举。

最佳锻炼部位

- 三角肌
- 冈上肌

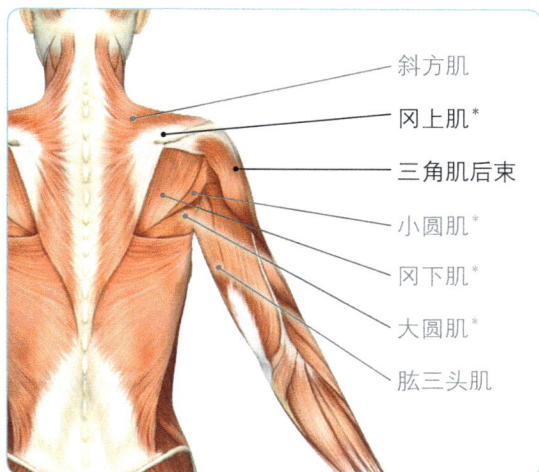

斜方肌

冈上肌*

三角肌后束

小圆肌*

冈下肌*

大圆肌*

肱三头肌

◆ 解析关键

黑色字体为主要锻炼的肌肉

灰色字体为次要锻炼的肌肉

双臂肩上推举

① 身体呈站姿，双脚间距与肩同宽，双脚踩住弹力带中间位置。双手握住弹力带两端，弯举至肩部位置。

② 保持身体姿势不变，双臂向上拉伸弹力带。

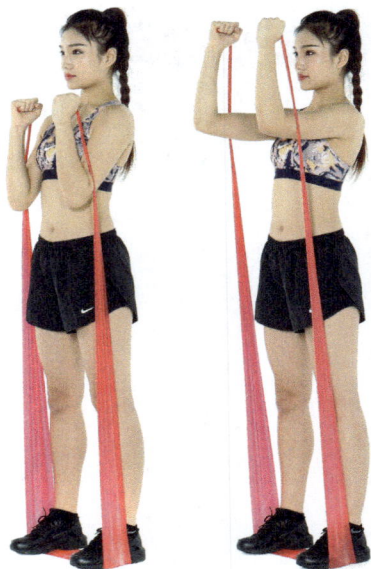

● **避免**

身体晃动
肩部上耸

● **正确做法**

核心收紧
手臂伸展至完全伸直

③ 向上拉伸弹力带至手臂完全伸直。完成规定的次数。

锻炼目标

● 肩部
● 背部
● 手臂

锻炼器械

● 弹力带

级别

● 初级

呼吸提示

● 手臂下降时吸气，手臂上抬时呼气

注意 ⚠

● 动作不宜过快，有控制地进行

变式练习

双手握住弹力带两端，弯举至肩部位置，双臂交替向上推举。

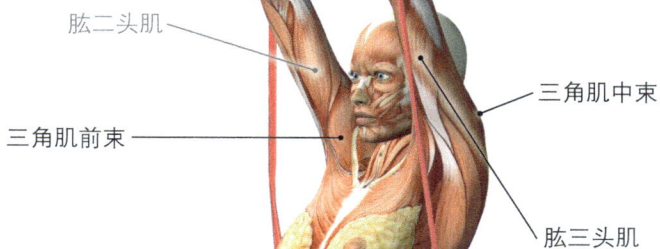

肱二头肌

三角肌前束

三角肌中束

肱三头肌

最佳锻炼部位

- 斜方肌
- 三角肌
- 肱三头肌

◆ 解析关键

黑色字体为主要锻炼的肌肉
灰色字体为次要锻炼的肌肉

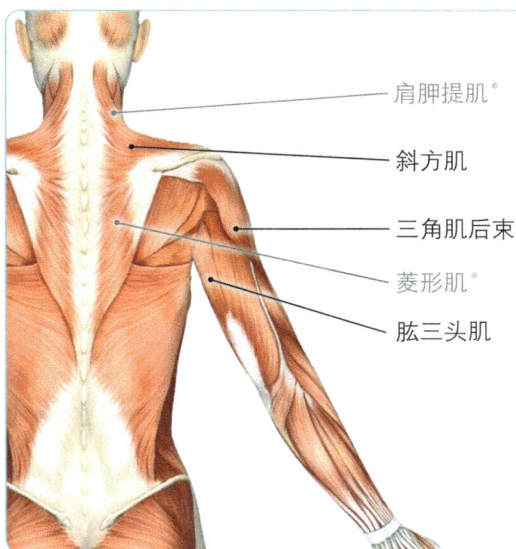

肩胛提肌*

斜方肌

三角肌后束

菱形肌*

肱三头肌

☼ 小提示

动作过程中，保持身体稳定。

双臂下拉

❶ 身体呈站姿，双脚间距与肩同宽。双手分别握住弹力带两端，双臂向斜上方伸展，保持弹力带绷直。

❷ 保持身体挺直，双臂向外、向下发力，拉动弹力带。

锻炼目标
- 肩部
- 背部
- 手臂

锻炼器械
- 弹力带

级别
- 初级

呼吸提示
- 手臂下降时吸气，手臂上抬时呼气

注意 ⚠
- 肘关节不可锁死

- 避免
肘关节弯曲
肩部上耸

- 正确做法
双臂始终保持伸直
核心收紧

❸ 继续拉动弹力带至双臂尽可能与地面平行，将弹力带置于头部后侧。完成规定的次数。

尺侧腕屈肌

肱二头肌

三角肌前束

胸小肌*

三角肌中束

喙肱肌*

胸大肌

掌长肌

变式练习

身体呈站姿，双手握紧弹力带两端，一侧手臂向斜上方伸展，保持弹力带绷直。另一侧手臂向外拉伸弹力带至手臂与地面平行，双手交替练习。

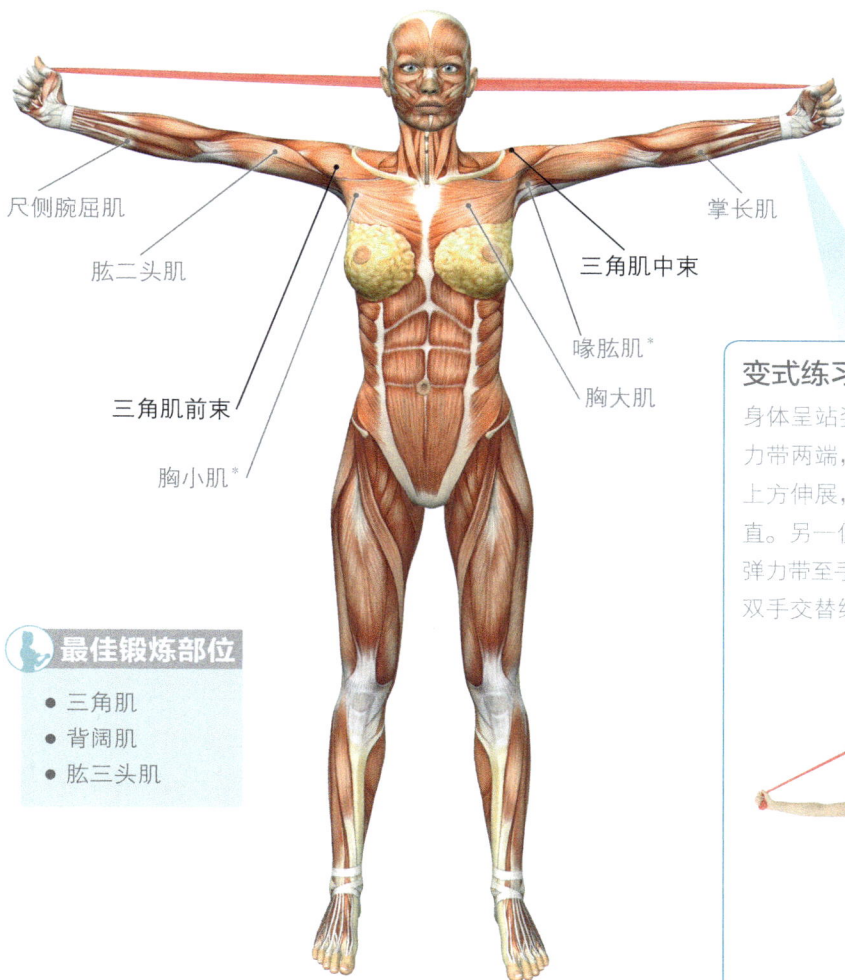

最佳锻炼部位

- 三角肌
- 背阔肌
- 肱三头肌

斜方肌

冈上肌*

三角肌后束

小圆肌*

大圆肌*

冈下肌*

肱三头肌

背阔肌

解析关键

黑色字体为主要锻炼的肌肉
灰色字体为次要锻炼的肌肉

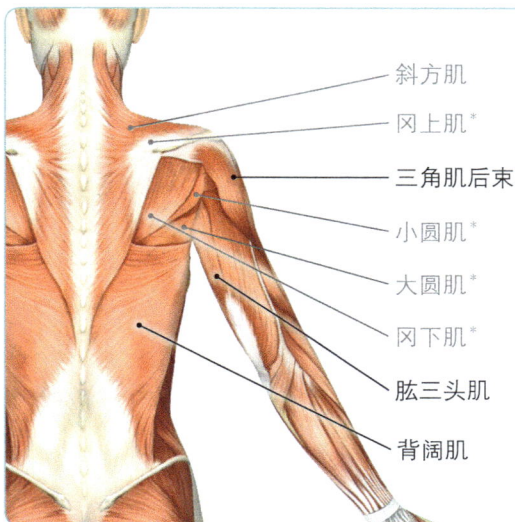

小提示

训练过程中，身体始终保持稳定。

反向飞鸟

① 身体呈站姿，双脚距离与肩同宽，双臂前平举，双手分别握紧弹力带两端，保持弹力带绷直。

② 保持双臂伸直，并水平向两侧拉伸。

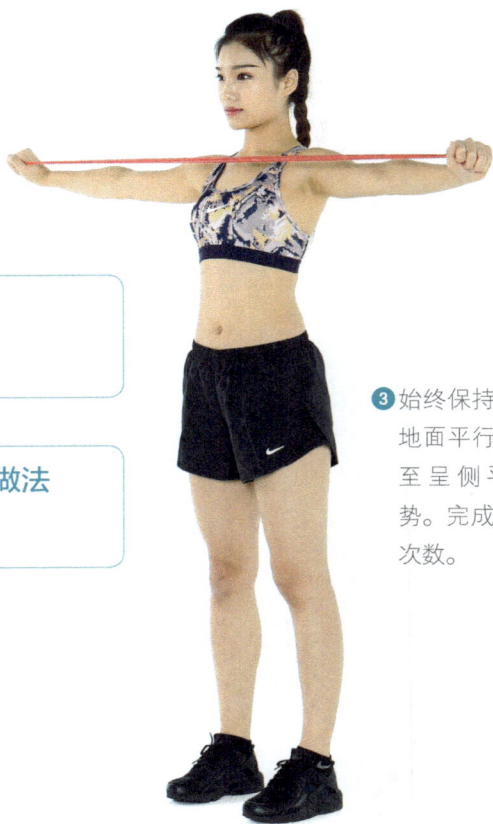

锻炼目标
- 肩部
- 背部
- 手臂

锻炼器械
- 弹力带

级别
- 初级

呼吸提示
- 起始时吸气，侧平举时呼气

注意 ⚠
- 背部主动发力

● **避免**

肩部上耸

● **正确做法**

核心收紧

③ 始终保持双臂与地面平行，拉伸至呈侧平举姿势。完成规定的次数。

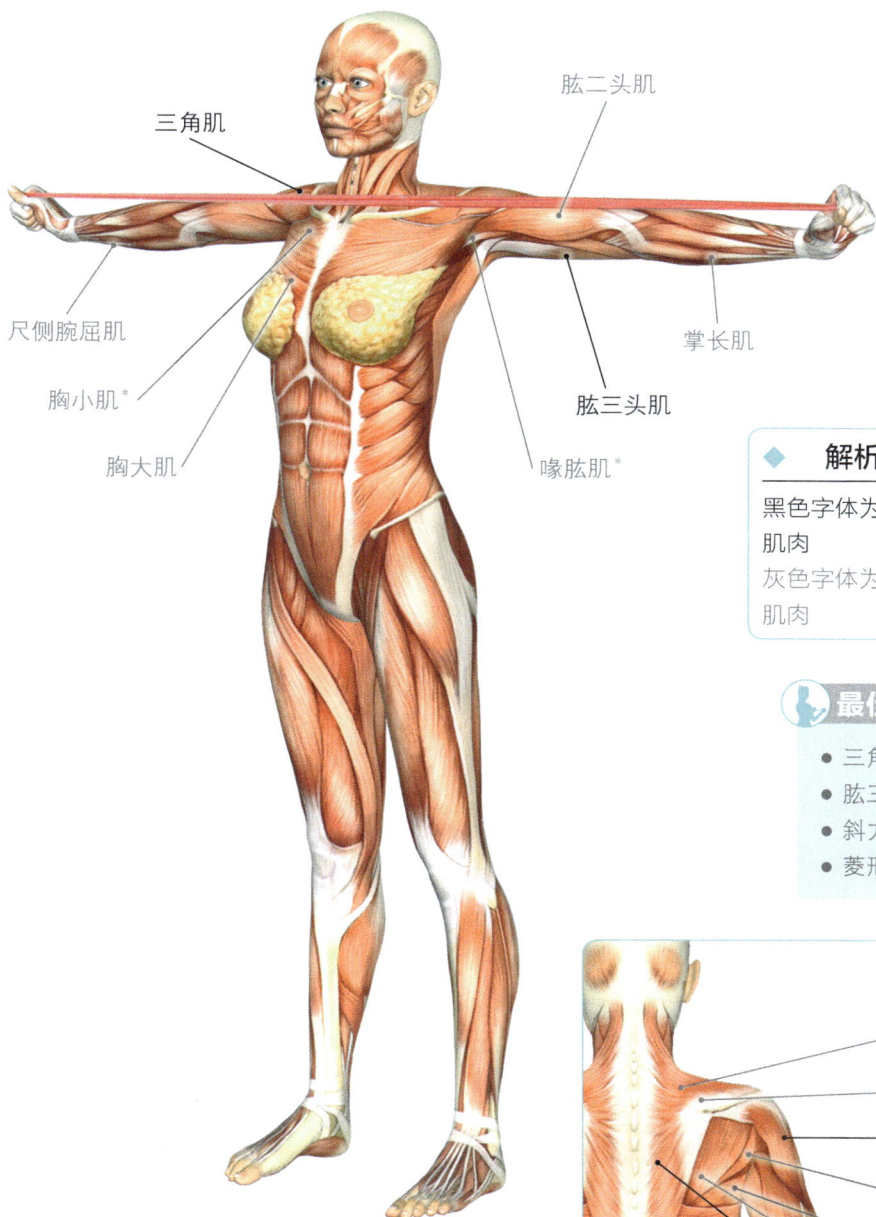

三角肌

肱二头肌

尺侧腕屈肌

胸小肌*

胸大肌

掌长肌

肱三头肌

喙肱肌*

◆ **解析关键**

黑色字体为主要锻炼的
肌肉
灰色字体为次要锻炼的
肌肉

最佳锻炼部位

- 三角肌
- 肱三头肌
- 斜方肌
- 菱形肌

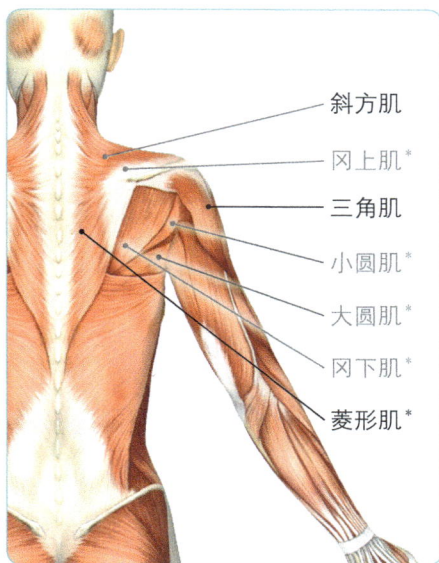

斜方肌

冈上肌*

三角肌

小圆肌*

大圆肌*

冈下肌*

菱形肌*

小提示

动作过程中，身体始终保持稳定。

拉弓

① 身体呈站姿，双脚距离与肩同宽。双手分别握紧弹力带两端，一侧手臂呈侧平举姿势，另一侧手臂向对侧弯曲，呈拉弓姿势，保持弹力带绷直。

● **避免**

双臂上下晃动
肩部上耸

● **正确做法**

双臂与弹力带尽可能平行于地面
保持核心收紧

锻炼目标

● 肩部
● 手臂

锻炼器械

● 弹力带

级别

● 初级

呼吸提示

● 拉弓时呼气，回到准备姿势时吸气

注意 ⚠

● 若肩部存在伤病，则不建议进行此项训练

② 保持身体姿势不变，弯曲的手臂水平向同侧拉伸，至手部位于同侧肩部正前方。两侧交替进行，完成规定的次数。

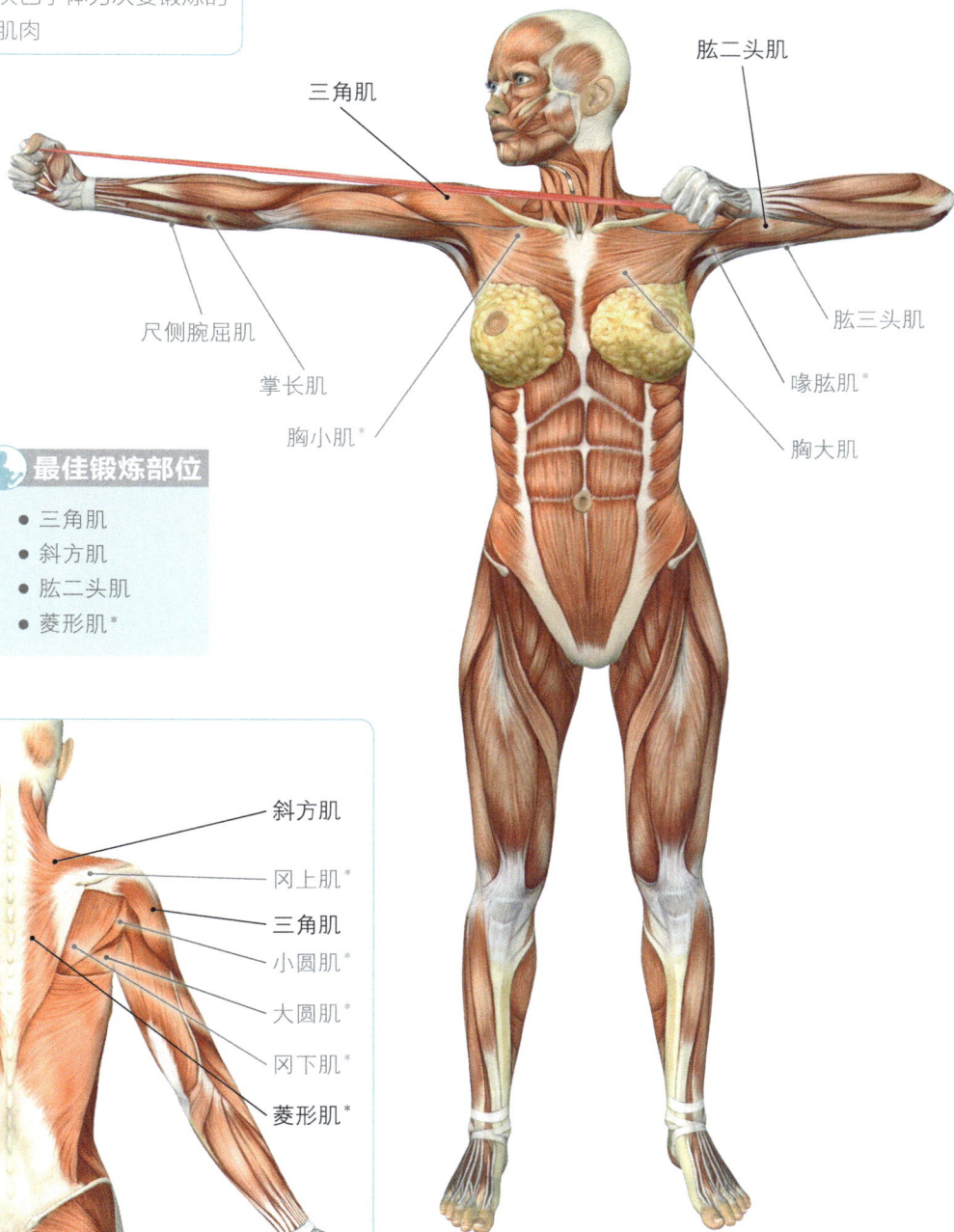

肱二头肌

三角肌

尺侧腕屈肌

掌长肌

胸小肌*

肱三头肌

喙肱肌*

胸大肌

最佳锻炼部位

- 三角肌
- 斜方肌
- 肱二头肌
- 菱形肌*

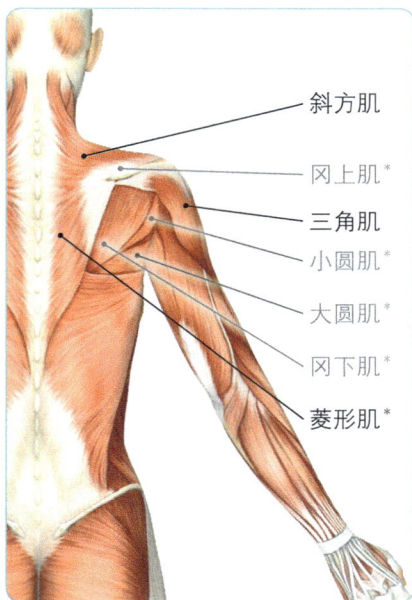

斜方肌

冈上肌*

三角肌

小圆肌*

大圆肌*

冈下肌*

菱形肌*

单臂水平屈臂伸

❶ 身体呈站姿，双脚距离与肩同宽。双手分别握紧弹力带两端，同时双臂向内弯曲，使手部位于肩部位置。保持弹力带绷直。

❷ 保持身体姿势不变，一侧手臂水平向外拉伸。

锻炼目标
- 手臂

锻炼器械
- 弹力带

级别
- 初级

呼吸提示
- 拉伸弹力带时呼气，回到准备姿势时吸气

注意 ⚠️
- 动作平稳，不宜过快

- **避免**

  手肘上下移动
  身体晃动

- **正确做法**

  手臂尽可能平行于地面，保持稳定
  核心收紧

❸ 继续拉伸弹力带至手臂完全伸展，同时保持手臂和弹力带尽可能与地面平行。恢复准备姿势，两侧交替进行，完成规定的次数。

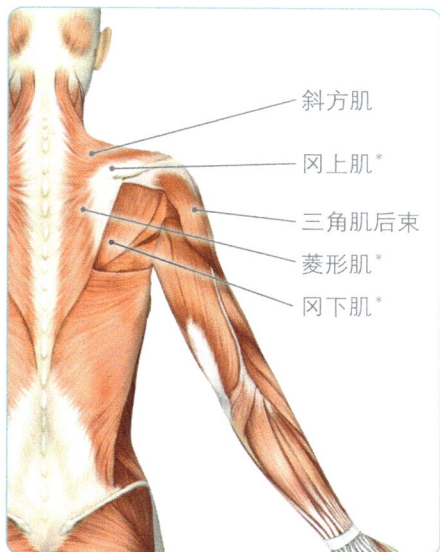

斜方肌

冈上肌*

三角肌后束

菱形肌*

冈下肌*

变式练习

双手握紧弹力带两端，同时双臂向内弯曲，使手部位于肩部位置。双臂同时向两侧伸展至完全伸直。

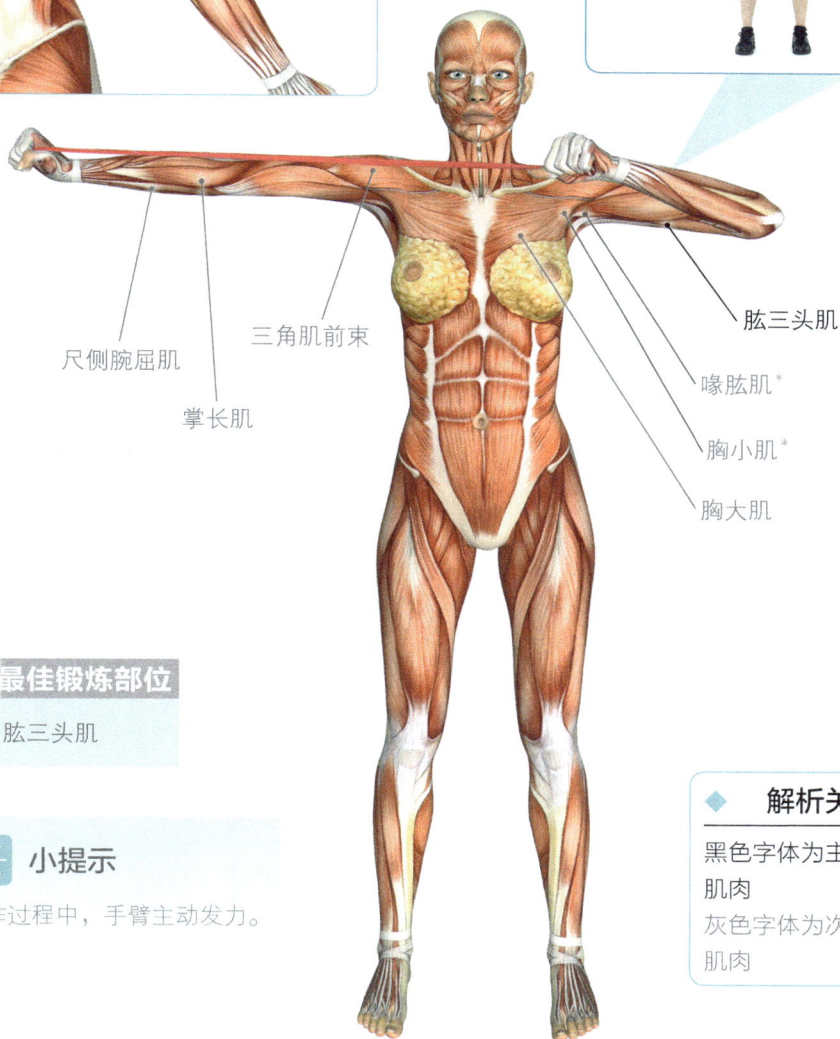

肱三头肌

喙肱肌*

胸小肌*

胸大肌

三角肌前束

尺侧腕屈肌

掌长肌

最佳锻炼部位

● 肱三头肌

小提示

动作过程中，手臂主动发力。

解析关键

黑色字体为主要锻炼的肌肉

灰色字体为次要锻炼的肌肉

单臂剪草机后拉

① 身体略微前倾，单腿向前跨步，前腿略微屈膝，呈弓步姿势。前脚踩住弹力带中间位置，双臂伸直，双手握紧弹力带两端，保持弹力带绷直。

② 保持身体姿势不变，一侧手臂向后、向上提拉，屈肘约90度。

● **避免**

弯腰弓背，肩部上耸
后腿膝关节弯曲

● **正确做法**

背部挺直，目视前方
核心收紧，颈部放松

③ 手臂继续向后、向上提拉，将弹力带拉伸至腰部。恢复准备姿势，两侧交替进行，完成规定的次数。

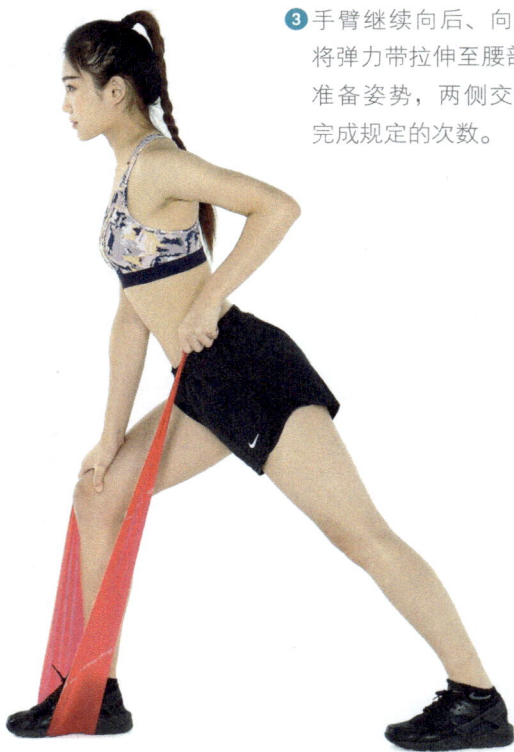

锻炼目标

● 肩部
● 背部
● 手臂

锻炼器械

● 弹力带

级别

● 初级

呼吸提示

● 拉伸弹力带时呼气，回到准备姿势时吸气

注意 ⚠

● 若肩部存在伤病，则不建议进行此项训练

☀ 小提示

一侧手臂拉伸时，另一侧手臂保持不动，保持身体稳定。

◆ 解析关键

黑色字体为主要锻炼的肌肉

灰色字体为次要锻炼的肌肉

🧍 最佳锻炼部位

- 三角肌
- 斜方肌
- 肱二头肌

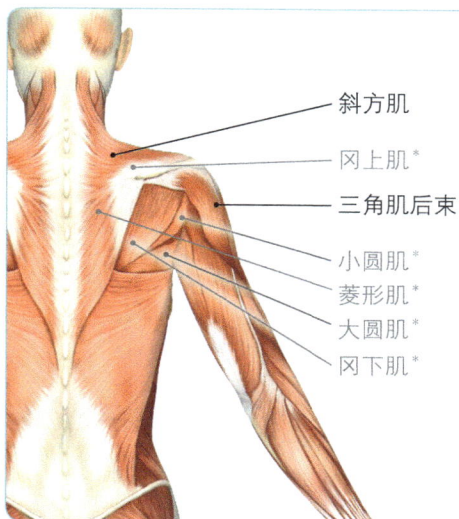

斜方肌

冈上肌*

三角肌后束

小圆肌*

菱形肌*

大圆肌*

冈下肌*

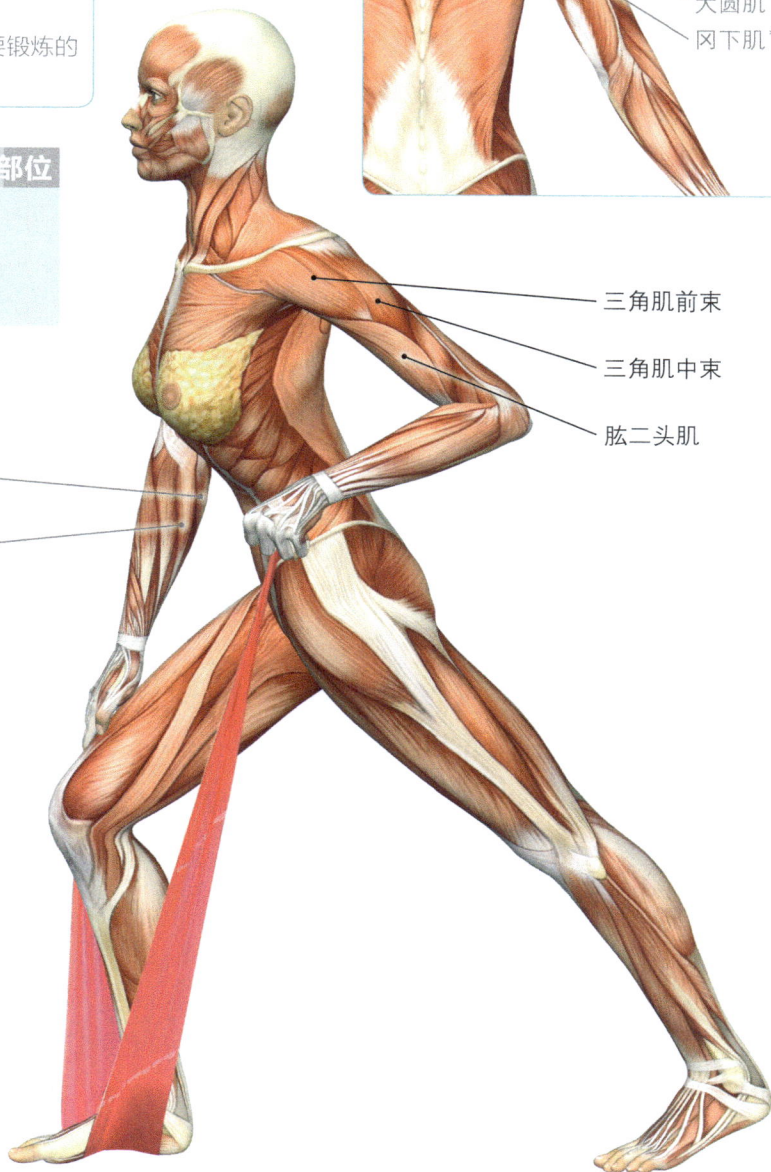

三角肌前束

三角肌中束

肱二头肌

尺侧腕屈肌

掌长肌

肩关节旋内

① 身体呈站姿，双脚距离与肩同宽，一侧手握紧弹力带一端，屈肘约90度，将弹力带另一端固定于体侧同等高度物体上，保持弹力带绷直，另一侧手臂自然下垂。

② 保持身体姿势不变，前臂内旋，拉伸弹力带。

锻炼目标
- 肩部
- 手臂
- 背部

锻炼器械
- 弹力带

级别
- 初级

呼吸提示
- 内旋时呼气，恢复时吸气

注意 ⚠
- 若肘关节存在伤病，则不建议进行此项训练

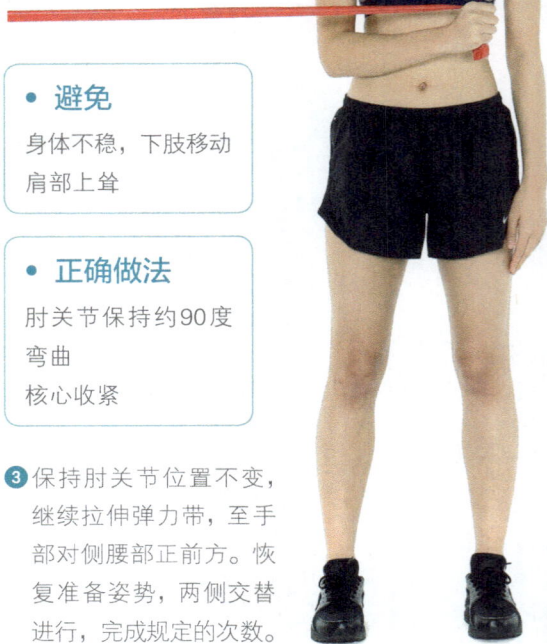

- **避免**

  身体不稳，下肢移动
  肩部上耸

- **正确做法**

  肘关节保持约90度弯曲
  核心收紧

③ 保持肘关节位置不变，继续拉伸弹力带，至手部对侧腰部正前方。恢复准备姿势，两侧交替进行，完成规定的次数。

变式练习

身体姿势保持不变，保持肘关节位置不动，前臂外旋，拉伸弹力带至体侧。

◆ 解析关键

黑色字体为主要锻炼的肌肉
灰色字体为次要锻炼的肌肉

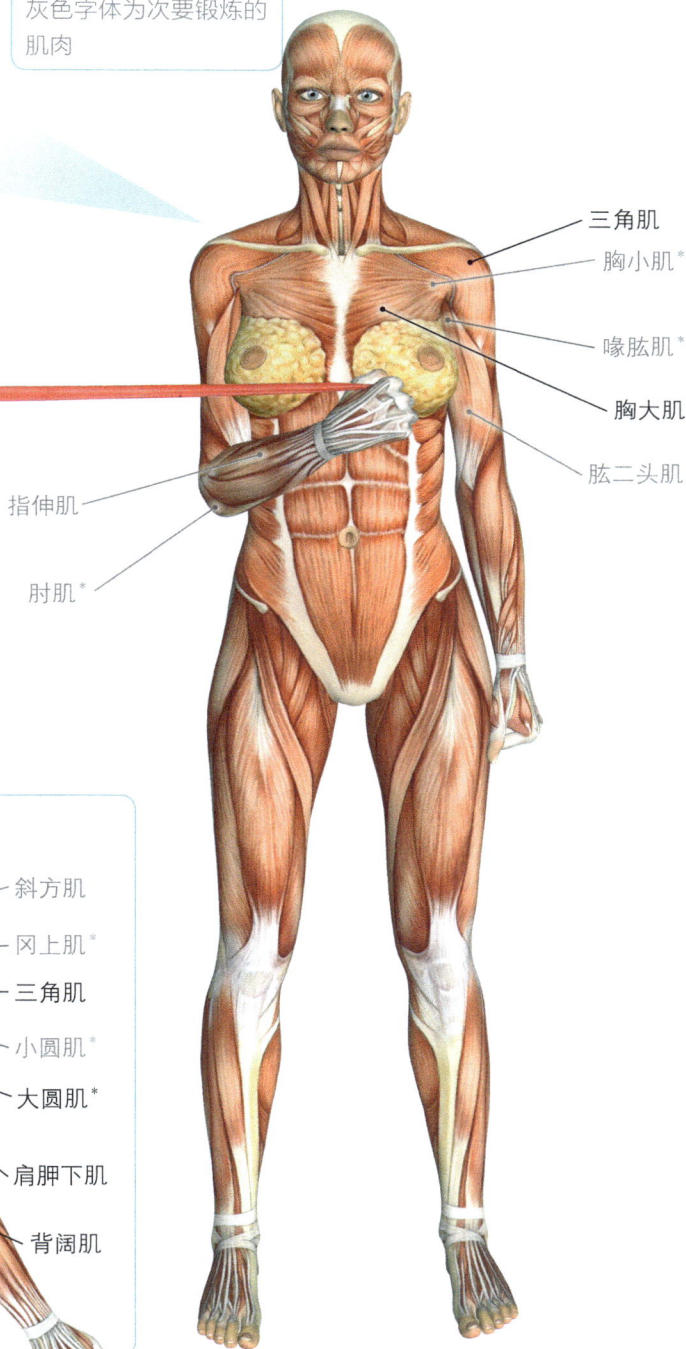

三角肌

胸小肌*

喙肱肌*

胸大肌

肱二头肌

指伸肌

肘肌*

最佳锻炼部位

- 肩胛下肌
- 大圆肌*
- 胸大肌
- 背阔肌
- 三角肌

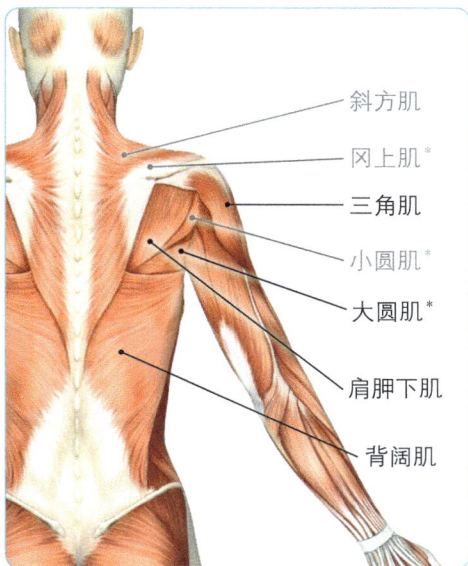

斜方肌

冈上肌*

三角肌

小圆肌*

大圆肌*

肩胛下肌

背阔肌

单臂屈臂伸

❶ 身体呈站姿，双脚间距
与肩同宽。一侧手臂向
上弯曲至肩部和肘关节
均大约成90度，单手
紧握弹力带一端，将弹
力带另一端固定在上方
的其他物体上，另一侧
手部扶住对侧手臂肘关
节，保持弹力带绷直但
不拉伸。

• **避免**

身体晃动

躯干下俯

• **正确做法**

核心收紧

锻炼目标

• 手臂

锻炼器械

• 弹力带

级别

• 初级

呼吸提示

• 前臂下放时呼气，恢复
时吸气

注意 ⚠️

• 背部保持挺直

• 身体保持稳定

❷ 保持身体姿势不变，手
臂向下拉伸弹力带，至
手臂完全伸直，同时肘
关节位置保持不变。恢
复准备姿势，两侧交替
进行，完成规定的次数。

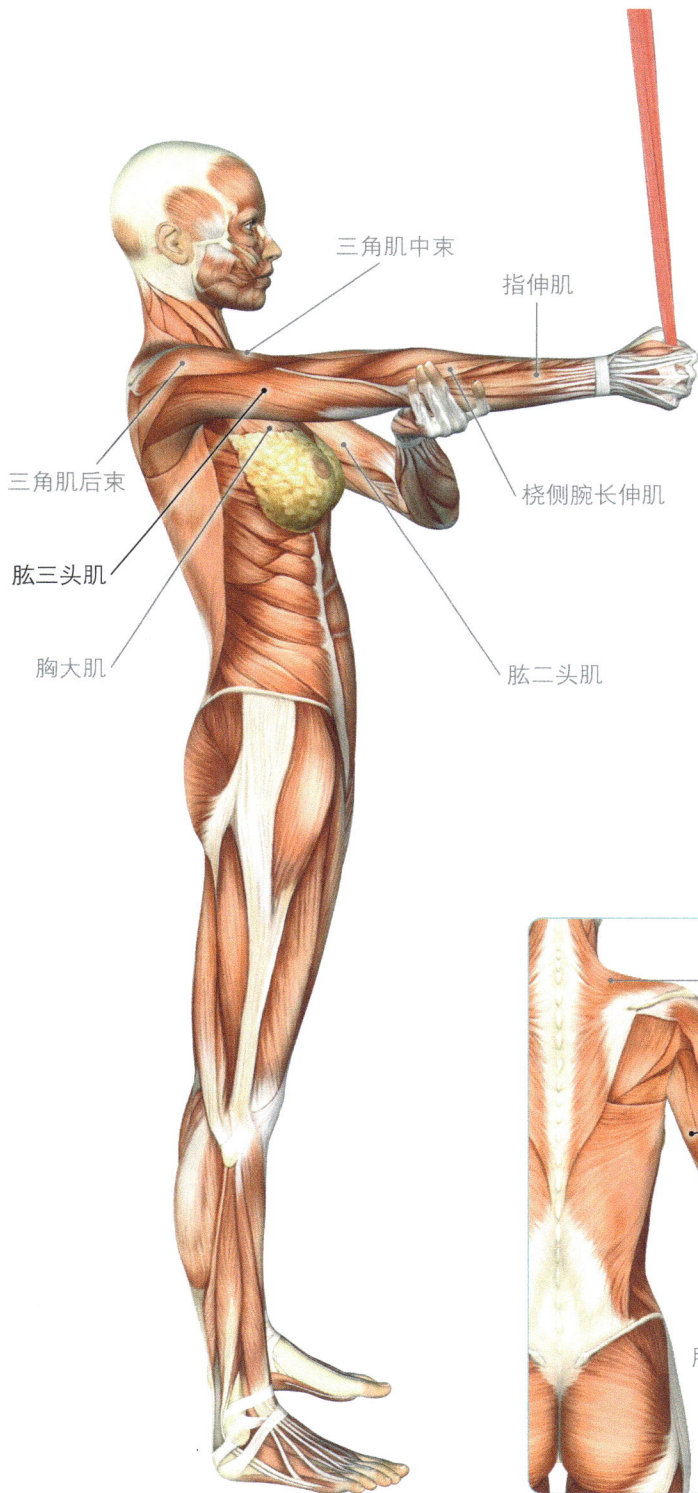

最佳锻炼部位

● 肱三头肌

三角肌中束

指伸肌

桡侧腕长伸肌

三角肌后束

肱三头肌

胸大肌

肱二头肌

◆ 解析关键

黑色字体为主要锻炼的
肌肉

灰色字体为次要锻炼的
肌肉

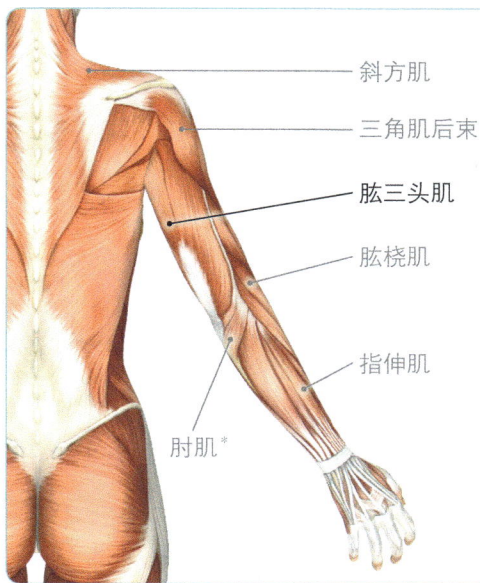

斜方肌

三角肌后束

肱三头肌

肱桡肌

指伸肌

肘肌*

单臂长号胸前推

① 身体呈站姿，双脚间距
与肩同宽。双手分别紧
握弹力带两端，一侧手
臂向上弯曲至手部到达
锁骨中心处，另一侧手
臂向上抬起并向内弯曲
至手部到达锁骨中心前
方，双手处于同一水平
线上，且弹力带尽可能
与身体垂直，保持弹力
带绷直但不拉伸。

② 保持身体姿势
不变，前侧手
臂向前拉伸弹
力带。

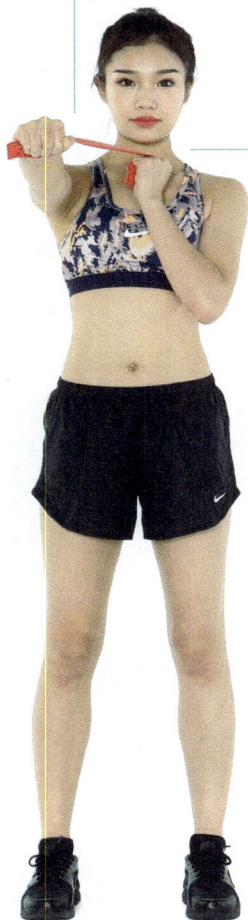

- **避免**
  动作速度过快

- **正确做法**
  上臂位置保持不变
  核心收紧

③ 继续拉伸弹力带至手臂完全伸
直。恢复准备姿势，两侧交替
进行，完成规定的次数。

锻炼目标
● 手臂

锻炼器械
● 弹力带

级别
● 初级

呼吸提示
● 手臂拉伸弹力带时呼气， 回到准备姿势时吸气

注意 ⚠
● 避免手臂晃动

三角肌前束

肱二头肌

指伸肌

肘肌*

肱三头肌

胸小肌*

胸大肌

解析关键

黑色字体为主要锻炼的肌肉

灰色字体为次要锻炼的肌肉

斜方肌

三角肌后束

肱三头肌

肱桡肌

肘肌*

指伸肌

双臂弯举

① 身体呈站姿，双脚间距与肩同宽。同时双脚踩住弹力带。双手分别反握把手，双臂自然下垂，保持弹力带绷直，掌心向上。

● **避免**

弯举速度过快
肘关节离开身体两侧

● **正确做法**

上臂保持不动
核心收紧
保持身体稳定

锻炼目标

● 手臂

锻炼器械

● 弹力带

级别

● 初级

呼吸提示

● 弯举时呼气，恢复时吸气

注意 ⚠

● 脊柱保持中立
● 感受肱二头肌的发力

② 保持身体姿势不变，双臂屈肘向上弯曲。

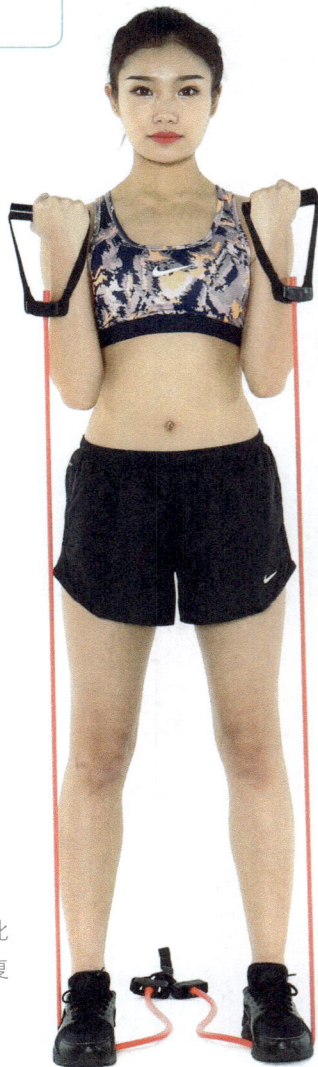

③ 拉伸弹力带至屈肘最大限度，此时双手基本位于肩部位置。恢复准备姿势，完成规定的次数。

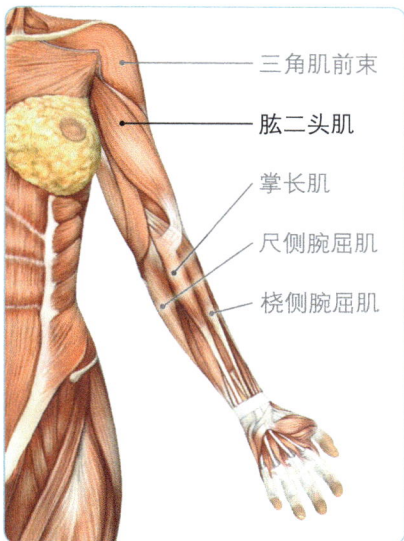

- 三角肌前束
- **肱二头肌**
- 掌长肌
- 尺侧腕屈肌
- 桡侧腕屈肌

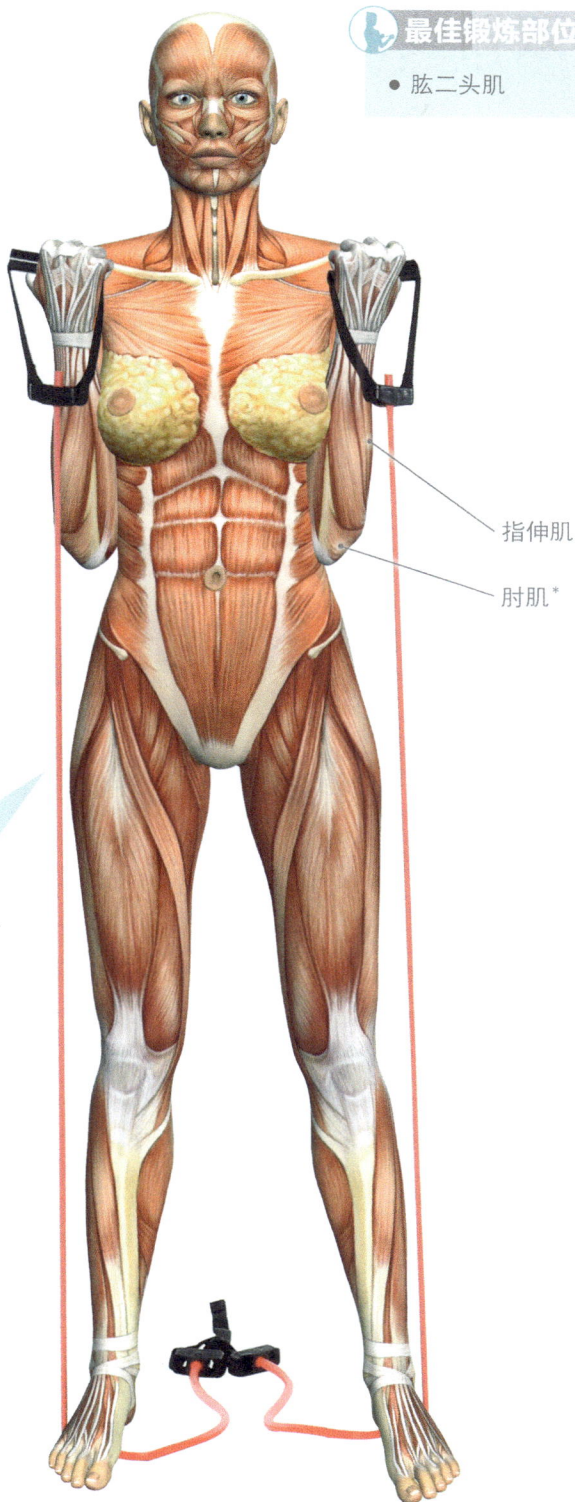

- 指伸肌
- 肘肌*

◆ 解析关键

黑色字体为主要锻炼的
肌肉
灰色字体为次要锻炼的
肌肉

变式练习

双脚踩住弹力带，掌心向
前，左臂屈肘向上弯举，
保持弹力带绷直，双臂交
替进行。完成规定次数。

双臂反向弯举

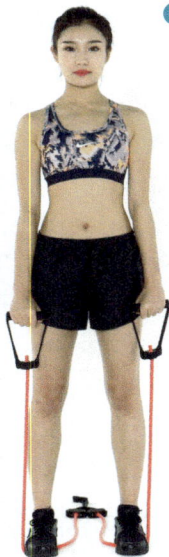

1 身体呈站姿，双脚间距与肩同宽，并踩住弹力带。双手分别正握把手，双臂自然下垂，保持弹力带绷直，掌心向后。

2 保持身体姿势不变，掌心朝下，向上拉伸弹力带。

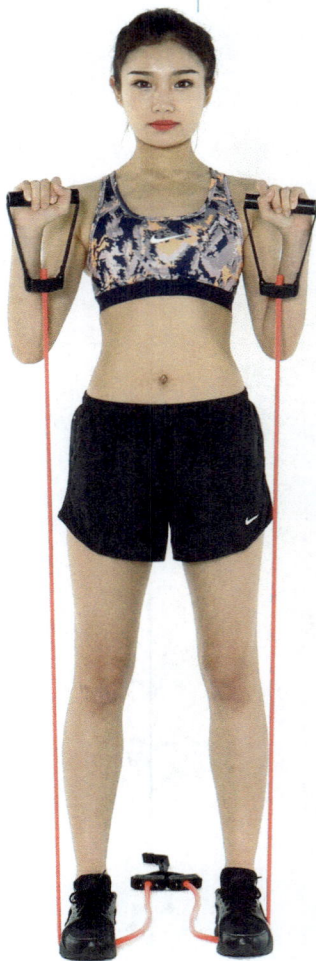

锻炼目标
- 手臂

锻炼器械
- 弹力带

级别
- 初级

呼吸提示
- 弯举时呼气，恢复时吸气

注意 ⚠
- 脊柱保持中立
- 感受肱二头肌的发力

● **避免**
拉伸速度过快

● **正确做法**
缓慢伸展手臂
上臂保持不动
核心收紧

3 继续向上拉伸至肘关节弯曲到最大限度。恢复至准备姿势，完成规定的次数。

变式练习

双脚踩住弹力带，双手分别正握把手，左臂屈肘向上弯举，使弹力带绷直，双臂交替进行。完成规定次数。

◆　解析关键

黑色字体为主要锻炼的肌肉

灰色字体为次要锻炼的肌肉

三角肌前束

胸小肌*

胸大肌

最佳锻炼部位

- 肱二头肌
- 尺侧腕屈肌
- 桡侧腕屈肌

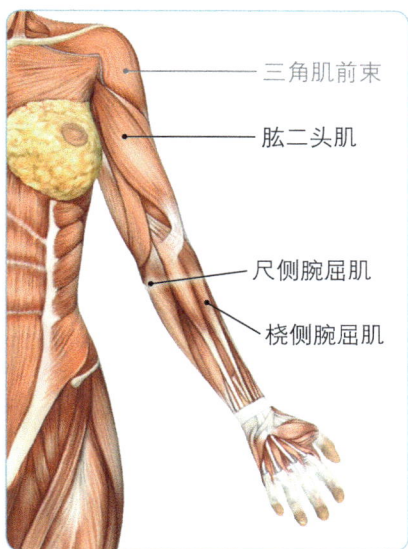

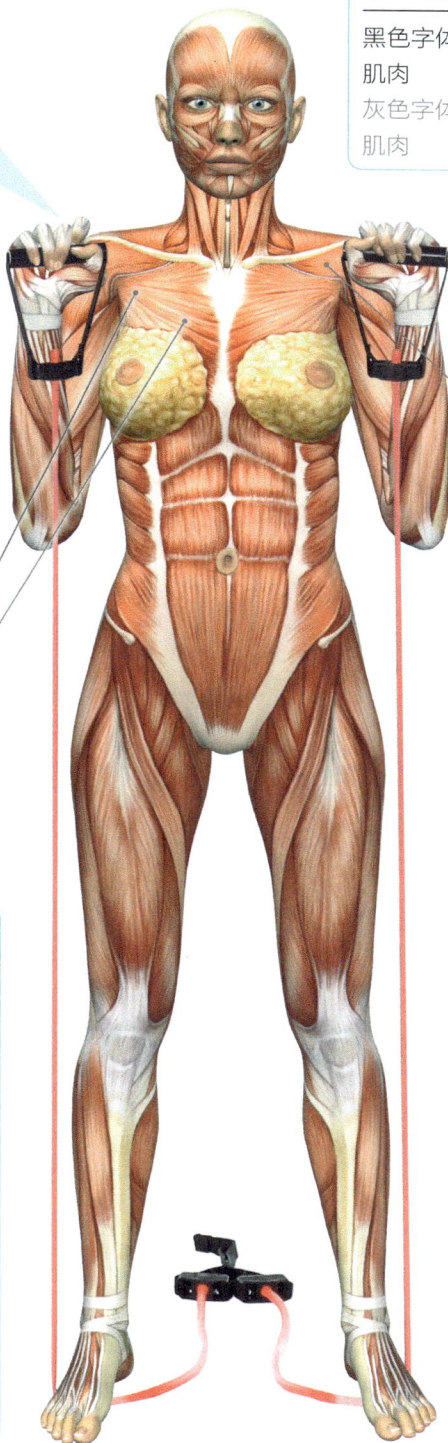

三角肌前束

肱二头肌

尺侧腕屈肌

桡侧腕屈肌

前臂旋转

① 身体呈站姿，双脚间距与肩同宽，并踩住弹力带的一端。单手握住弹力带另一端，掌心向上，手臂向前伸展，保持弹力带绷直，另一侧手臂自然下垂。

- **避免**

  手臂上下晃动

  手臂弯曲

- **正确做法**

  保持核心收紧

  上臂保持不动

锻炼目标
- 手臂

锻炼器械
- 弹力带

级别
- 初级

呼吸提示
- 全程保持均匀呼吸

注意 ⚠️
- 若肩部存在伤病，则不建议进行此项训练

② 保持身体姿势不变，前臂向内旋转。

③ 前臂继续向内旋转至掌心朝下。恢复至准备姿势，完成规定的次数。对侧亦然。

最佳锻炼部位

- 旋前圆肌
- 桡侧腕屈肌

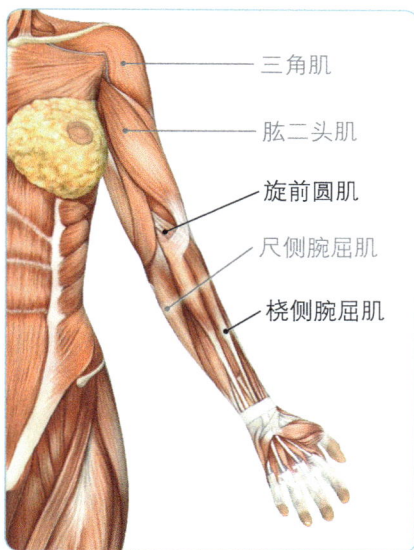

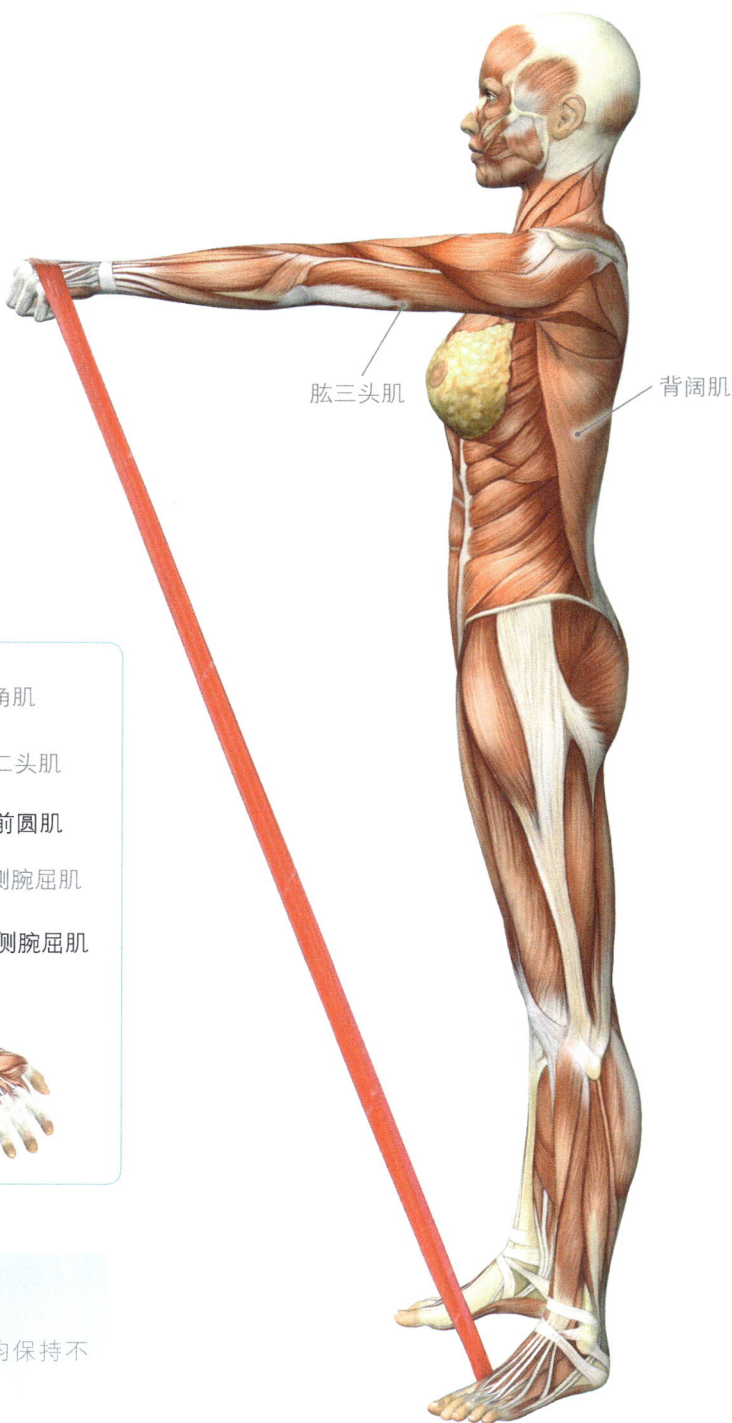

肱三头肌

背阔肌

三角肌

肱二头肌

旋前圆肌

尺侧腕屈肌

桡侧腕屈肌

☼　**小提示**

动作过程中，除手臂外均保持不动，保持身体稳定。

双臂高拉

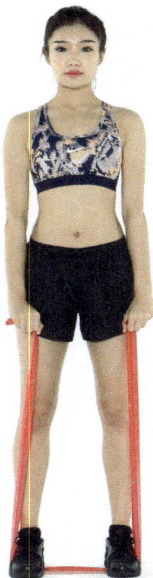

❶ 身体呈站姿，双脚间距与肩同宽，同时踩住弹力带中间位置。双手分别握紧弹力带两端，双臂自然下垂，保持弹力带绷直。

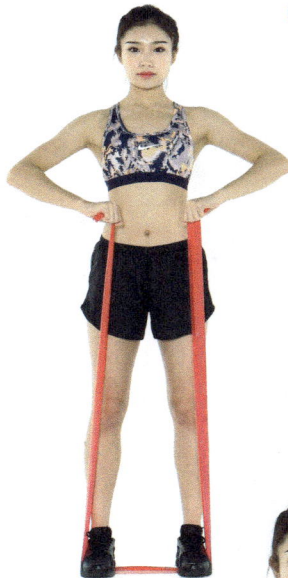

❷ 保持身体姿势不变，掌心向下，双臂屈肘，向上提拉弹力带。

● **避免**

肩部上耸

● **正确做法**

核心收紧

锻炼目标

● 背部
● 肩部

锻炼器械

● 弹力带

级别

● 初级

呼吸提示

● 高拉时呼气，恢复时吸气

注意 ⚠️

● 若肩部存在伤病，则不建议进行此项训练

❸ 向上提拉弹力带至肘关节弯曲到最大限度，掌心向下，肘关节向外，前臂与上臂尽可能平行于地面。恢复至准备姿势，完成规定的次数。

最佳锻炼部位

- 斜方肌
- 三角肌

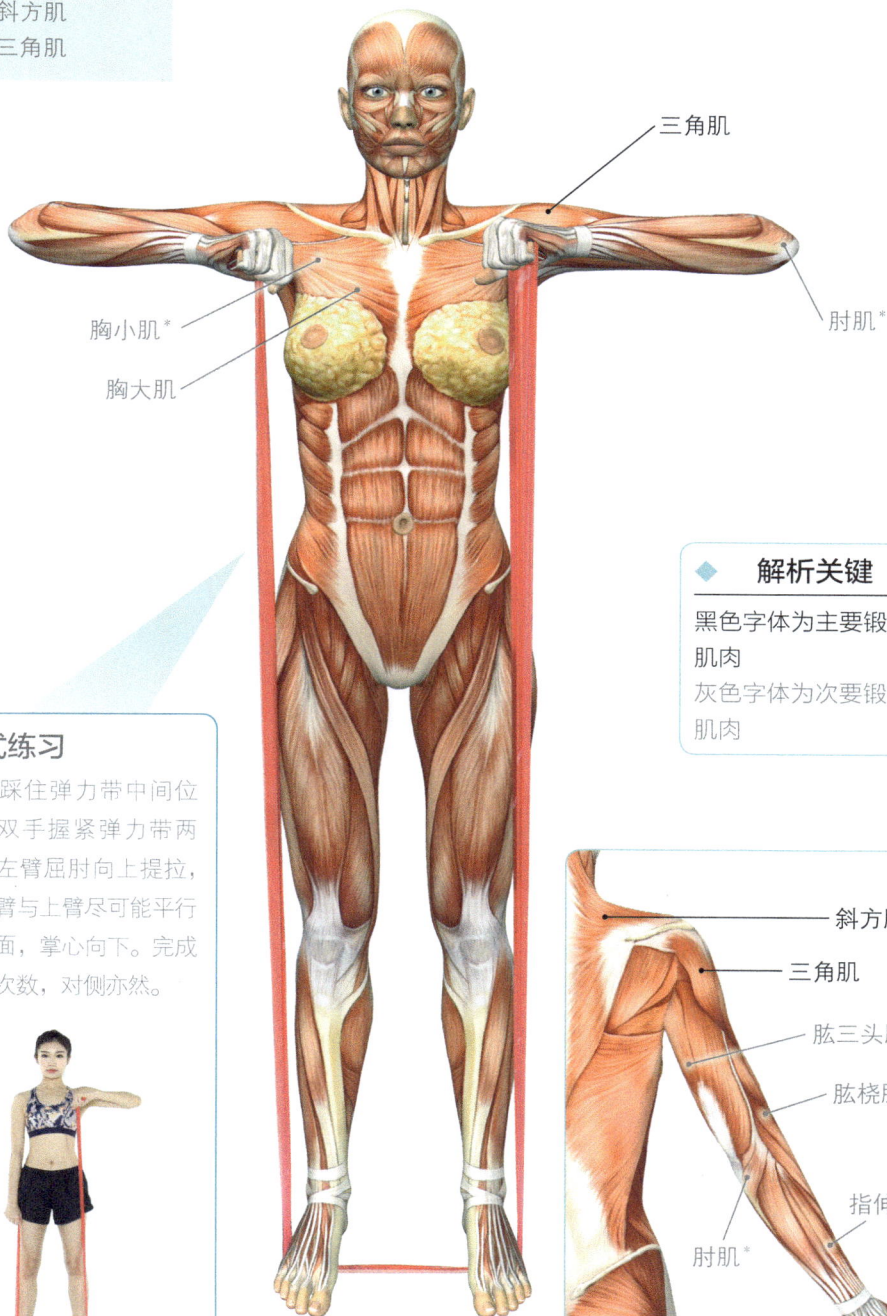

三角肌

胸小肌*

肘肌*

胸大肌

◆ 解析关键

黑色字体为主要锻炼的肌肉

灰色字体为次要锻炼的肌肉

变式练习

双脚踩住弹力带中间位置，双手握紧弹力带两端。左臂屈肘向上提拉，至前臂与上臂尽可能平行于地面，掌心向下。完成规定次数，对侧亦然。

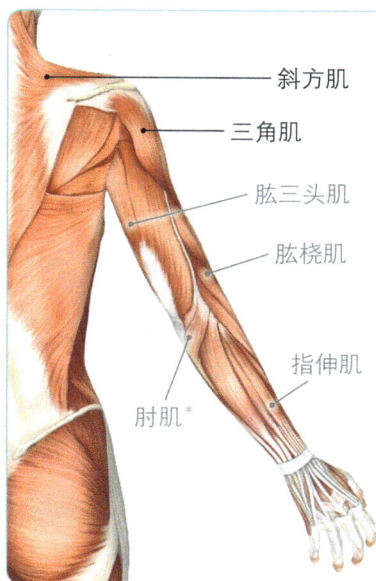

斜方肌

三角肌

肱三头肌

肱桡肌

指伸肌

肘肌*

双侧耸肩

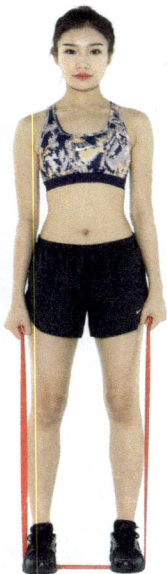

1 身体呈站姿，双脚间距与肩同宽，同时踩住弹力带中间位置。双手分别握紧弹力带两端，双臂自然下垂，保持弹力带绷直。

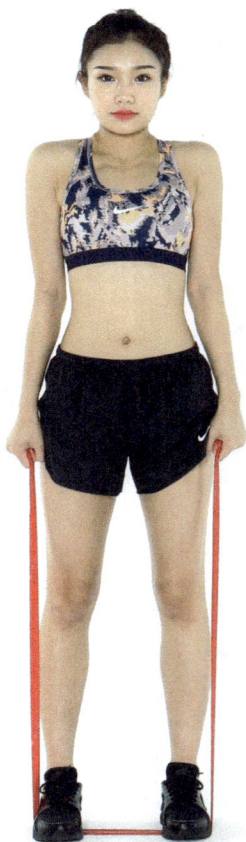

2 保持身体姿势不变，双臂夹紧，双肩上耸至最大限度。

3 动作完成，恢复准备姿势。完成规定的次数。

锻炼目标
- 背部
- 肩部

锻炼器械
- 弹力带

级别
- 初级

呼吸提示
- 耸肩时呼气，恢复时吸气

注意 ⚠️
- 动作不宜过快，缓慢进行

- **避免**
  肩部向后旋转

- **正确做法**
  头部在中间位置

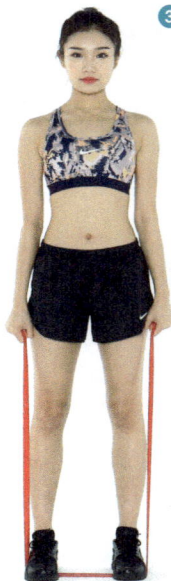

斜方肌

肩胛提肌*

冈上肌*

菱形肌*

胸小肌*

胸大肌

掌长肌

尺侧腕屈肌

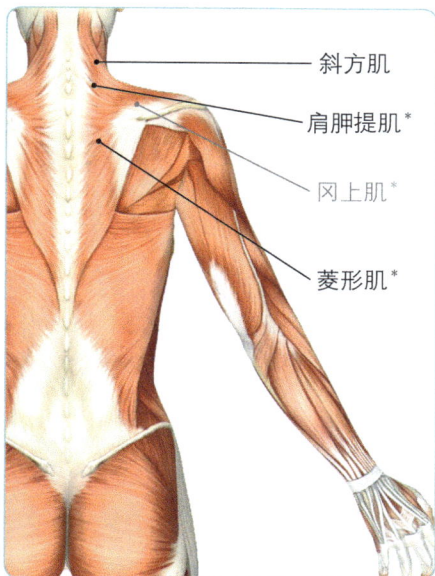

最佳锻炼部位

- 斜方肌
- 肩胛提肌
- 菱形肌*

◆ 解析关键

黑色字体为主要锻炼的肌肉

灰色字体为次要锻炼的肌肉

☼ 小提示

双肩上耸，尽可能使肩部向耳朵靠近。

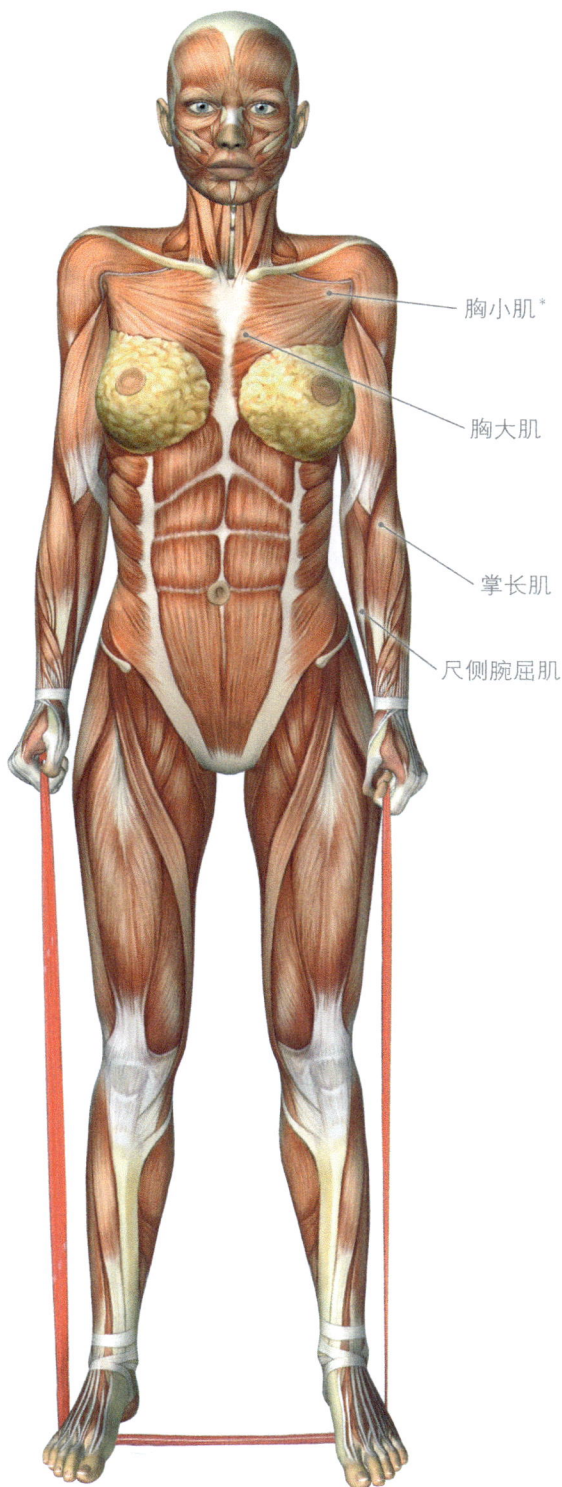

单侧伸腕练习

❶ 坐于训练椅上，双腿弯曲，躯干前倾，右脚踩住弹力带一端，右手肘关节支撑于右膝上，前臂尽可能平行于地面，掌心朝下，紧握弹力带另一端，左手扶住同侧膝关节。

❷ 保持身体姿势不变，腕关节向上弯曲至最大限度，掌心朝前。

锻炼目标
- 手臂

锻炼器械
- 弹力带、训练椅

级别
- 初级

呼吸提示 🌓
- 伸腕时呼气，恢复时吸气

注意 ⚠️
- 手腕放松
- 保持躯干挺直

❸ 恢复至准备姿势，完成规定的次数。左手紧握弹力带时也是同样的动作要求。

- **避免**
  肘关节离开膝盖

- **正确做法**
  核心收紧
  上臂保持不动

旋前圆肌

桡侧腕屈肌

尺侧腕屈肌

肱桡肌

拇长屈肌*

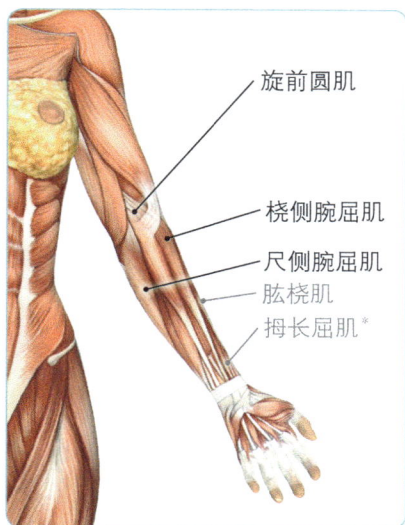

最佳锻炼部位

- 桡侧腕屈肌
- 尺侧腕屈肌
- 旋前圆肌

变式练习

右脚踩住弹力带一端，右手掌心朝上，握紧弹力带另一端，腕关节向上弯曲。

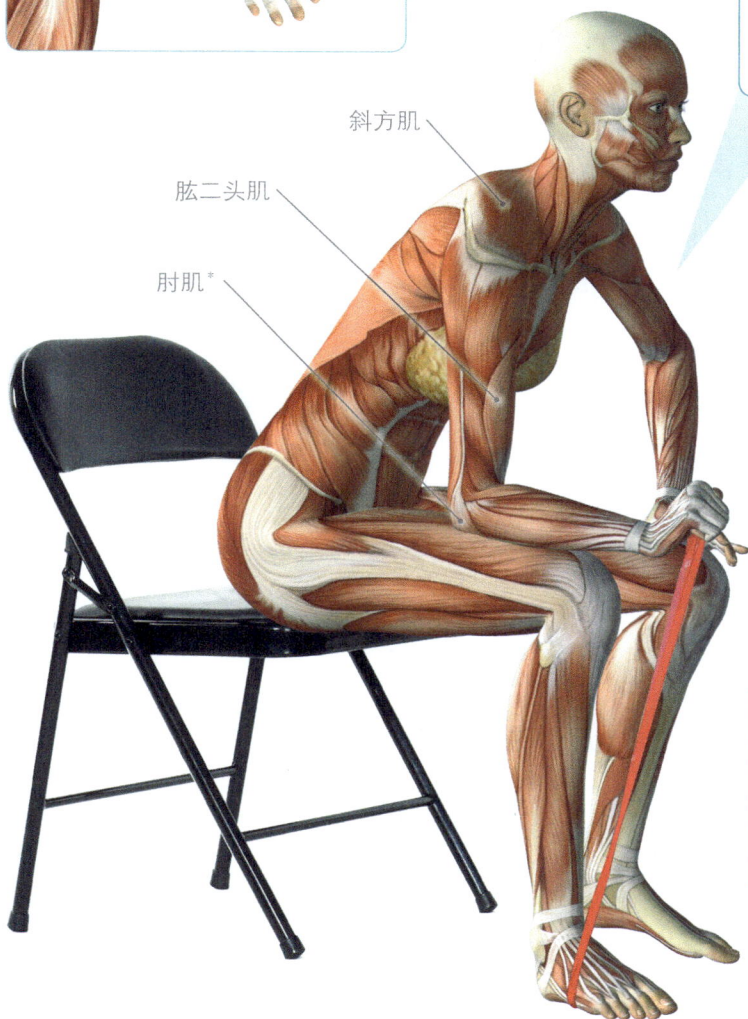

斜方肌

肱二头肌

肘肌*

◆ 解析关键

黑色字体为主要锻炼的肌肉

灰色字体为次要锻炼的肌肉

双臂屈臂伸

❶ 身体位于训练椅前方，呈坐姿，双腿屈膝约90度，大腿尽可能与地面平行。双臂伸直，双手撑于身后训练椅上，同时双手握紧弹力带两端，使弹力带经身体后侧绕过颈部后侧，保持弹力带绷直。

锻炼目标
- 手臂

锻炼器械
- 弹力带、训练椅

级别
- 初级

呼吸提示
- 身体下降时吸气，上升时呼气

注意 ⚠️
- 若肩部或腕部存在伤病，则不建议进行此项运动

- **避免**

  双肩上耸

  双脚移动位置

- **正确做法**

  核心收紧

❷ 双臂屈肘约90度，同时身体下降至大腿与地面大约成45度。恢复准备姿势，完成规定的次数。

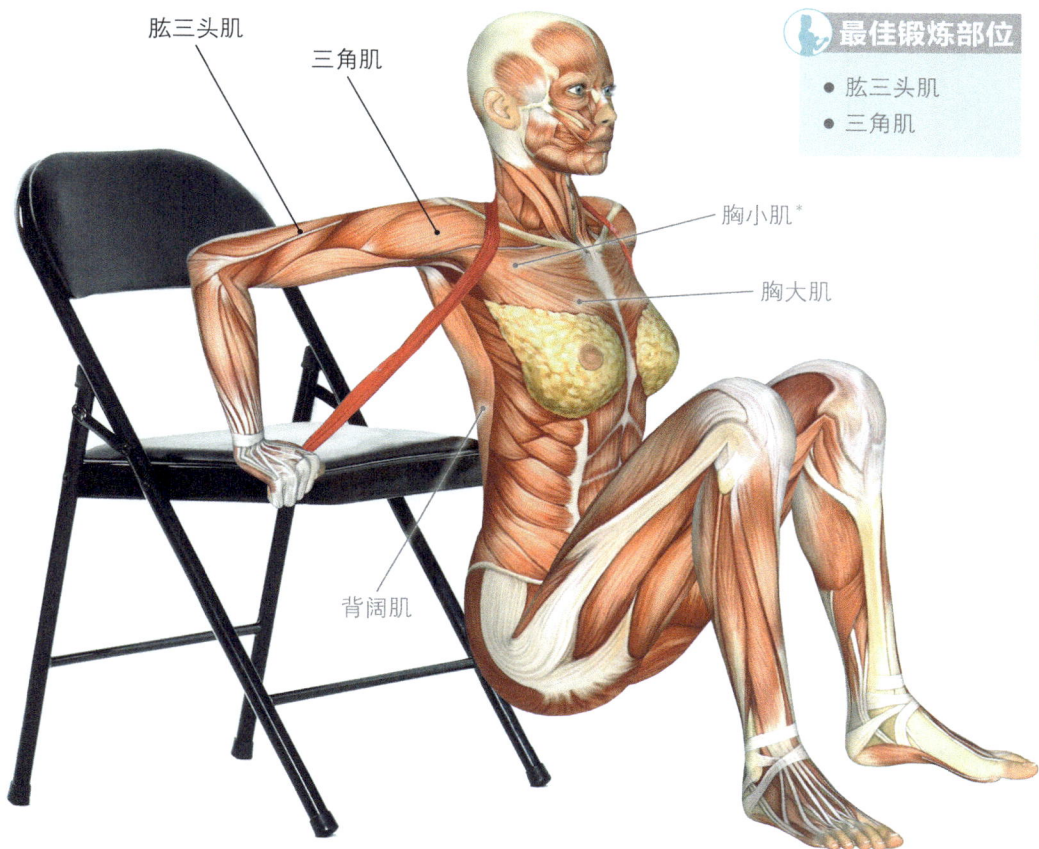

肱三头肌

三角肌

第3章

上肢训练

- 肱三头肌
- 三角肌

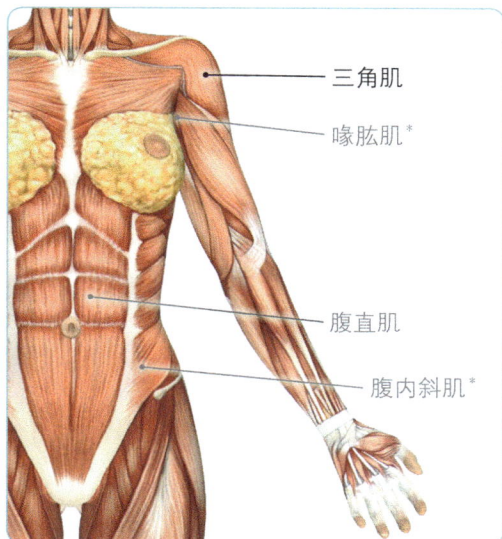

胸小肌*

胸大肌

背阔肌

三角肌

喙肱肌*

腹直肌

腹内斜肌*

解析关键

黑色字体为主要锻炼的
肌肉

灰色字体为次要锻炼的
肌肉

小提示

动作过程中要避免借助双脚的力量向
上推动身体，要由双臂主动发力。

04

CHAPTER FOUR

第4章
下肢训练

半蹲侧向走

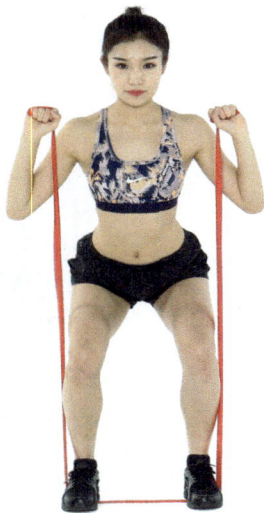

❶ 身体半蹲。双脚间距与肩同宽，同时踩住弹力带中间位置。双手分别握紧弹力带两端，向上拉伸弹力带至肩部，并保持弹力带绷直。

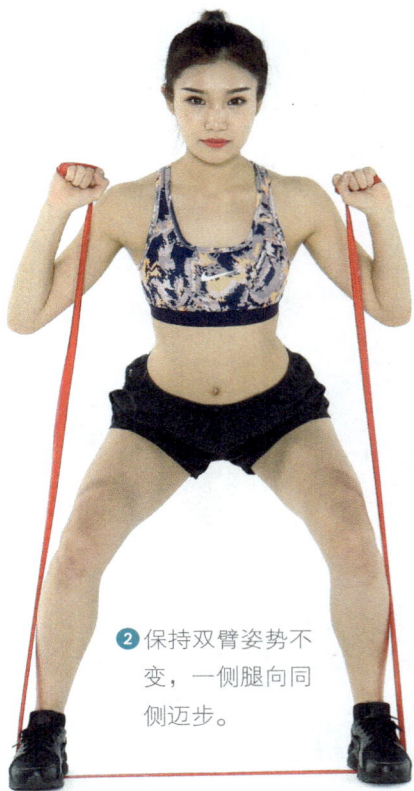

❷ 保持双臂姿势不变，一侧腿向同侧迈步。

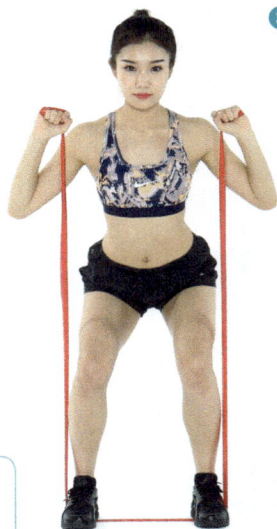

❸ 另一侧腿随之跟进，双脚间距保持与肩同宽。完成规定的次数，对侧亦然。

锻炼目标
- 臀部
- 大腿

锻炼器械
- 弹力带

级别
- 中级

呼吸提示
- 全程均匀呼吸

注意 ⚠
- 避免身体重心起伏

- **避免**

  弓背塌腰

- **正确做法**

  核心收紧
  保持背部挺直

臀中肌*

臀大肌

半腱肌

股二头肌

腓肠肌

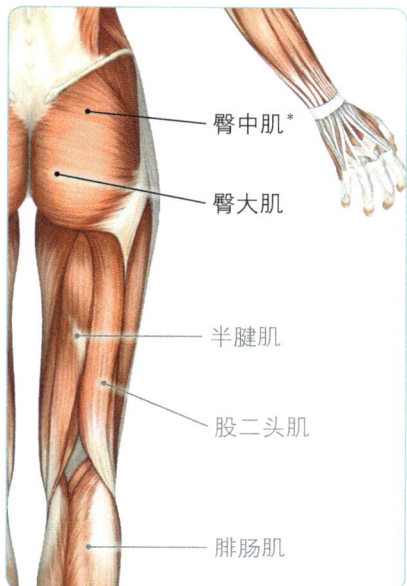

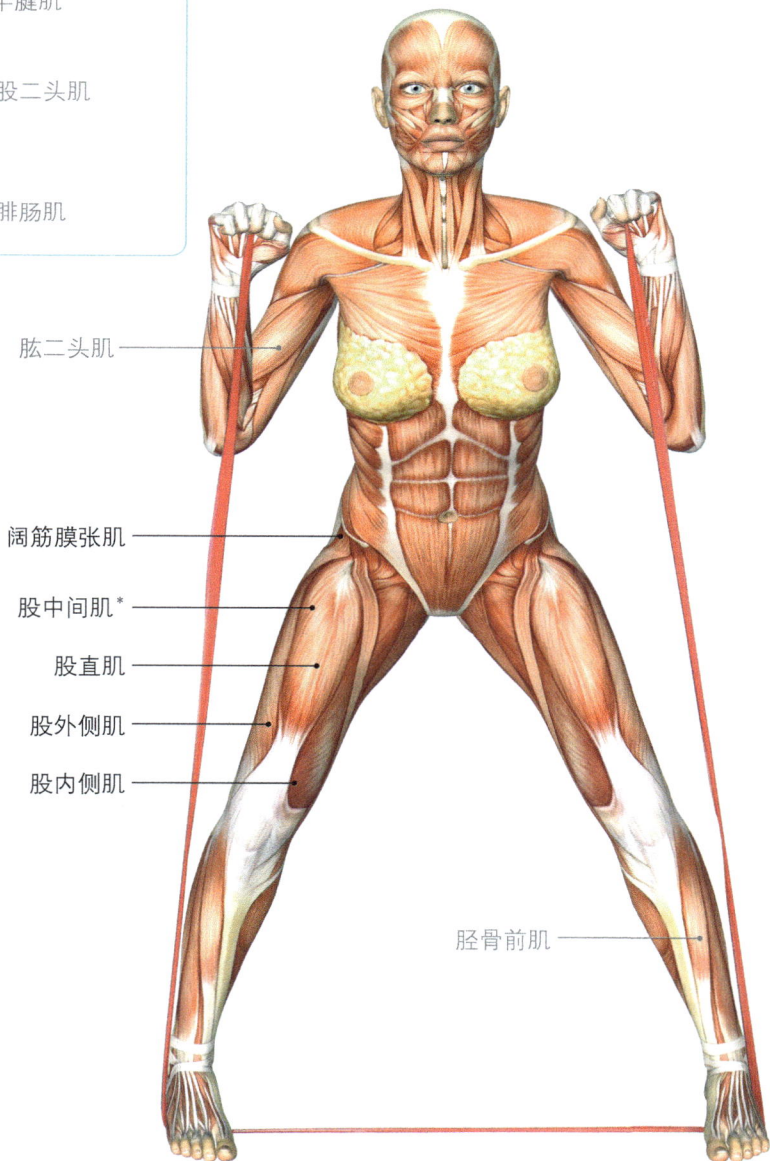

肱二头肌

阔筋膜张肌

股中间肌*

股直肌

股外侧肌

股内侧肌

胫骨前肌

阻力前弓步

① 身体呈站姿，双脚间距与肩同宽。双手扶腰，将弹力带一端绕过腰部固定，另一端固定于身后的物体上，保持弹力带绷直。

- **避免**

  背部弓起或向前弯曲
  后腿膝关节弯曲

- **正确做法**

  保持背部挺直
  目视前方，核心收紧

锻炼目标

- 大腿
- 臀部
- 核心

锻炼器械

- 弹力带

级别

- 中级

呼吸提示

- 身体下蹲时呼气，上升时吸气

注意 ⚠

- 若膝盖存在伤病，则不建议进行此项训练

② 双手姿势保持不变，躯干挺直。单腿向前跨步，身体略微下蹲，呈弓步姿势。恢复准备姿势，完成规定的次数。对侧亦然。

最佳锻炼部位

- 股内侧肌
- 股外侧肌
- 股中间肌*
- 股直肌
- 臀大肌
- 半腱肌
- 股二头肌
- 半膜肌
- 腹外斜肌
- 腹直肌

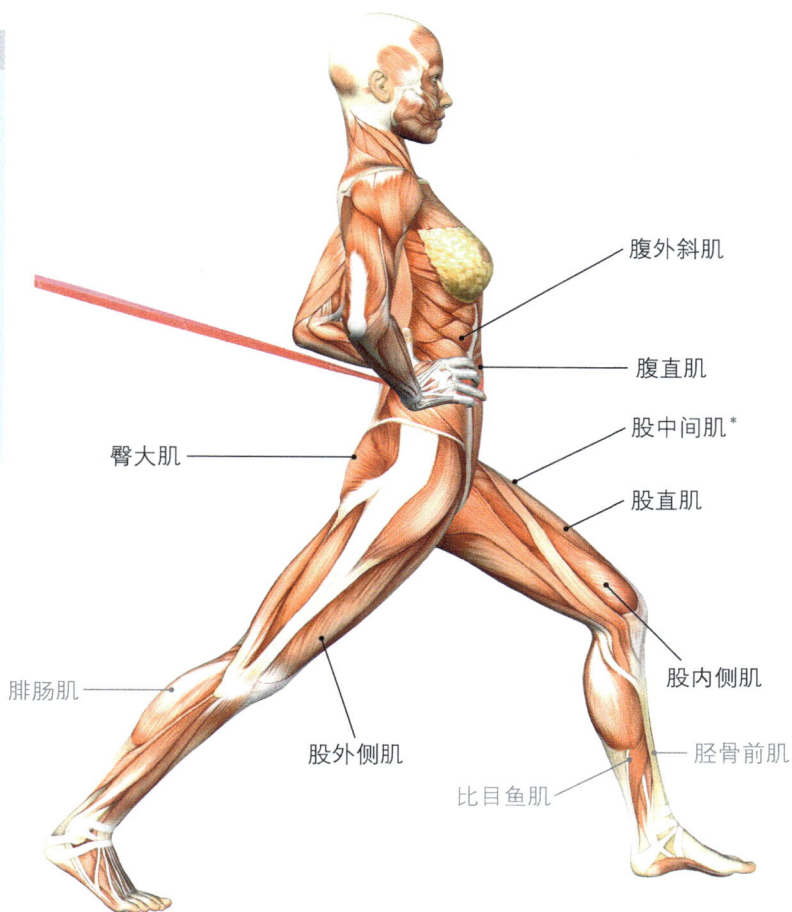

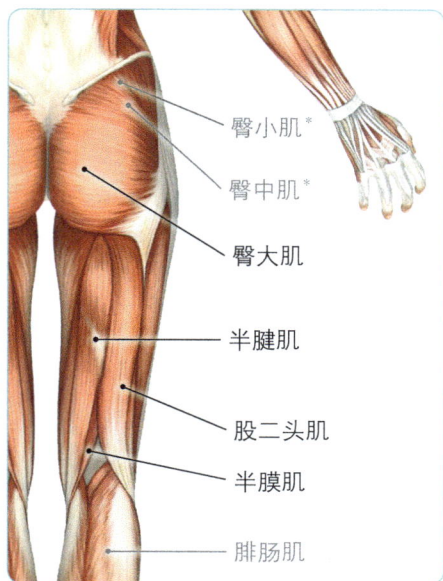

腹外斜肌

腹直肌

股中间肌*

股直肌

臀大肌

股内侧肌

腓肠肌

胫骨前肌

股外侧肌

比目鱼肌

臀小肌*

臀中肌*

臀大肌

半腱肌

股二头肌

半膜肌

腓肠肌

◆ 解析关键

黑色字体为主要锻炼的肌肉

灰色字体为次要锻炼的肌肉

☀ 小提示

向前迈步时，臀部收紧并保持脊柱中立，稳定身体重心。

髋关节后伸

① 身体呈站姿，挺
胸收腹，双手扶
腰。将迷你弹力
带一端绕过左侧
脚踝，另一端踩
于右侧脚底。

② 右腿向后弯曲
至小腿尽可能与
地面平行，使
弹力带绷直。

● **避免**

躯干过分前倾
背部出现弯曲

● **正确做法**

稳定身体重心
始终保持双膝分离
迷你弹力带处于绷直
状态

③ 保持身体姿势不变，躯干
略向前倾，右腿向后侧水
平拉伸弹力带，至大腿与
地面大约成45度。缓慢地
恢复准备姿势，完成规定
的次数。对侧亦然。

锻炼目标

● 臀部
● 腿部

锻炼器械

● 弹力带

级别

● 中级

呼吸提示

● 全程保持均匀呼吸

注意 ⚠

● 支撑腿伸直，身体保
持稳定

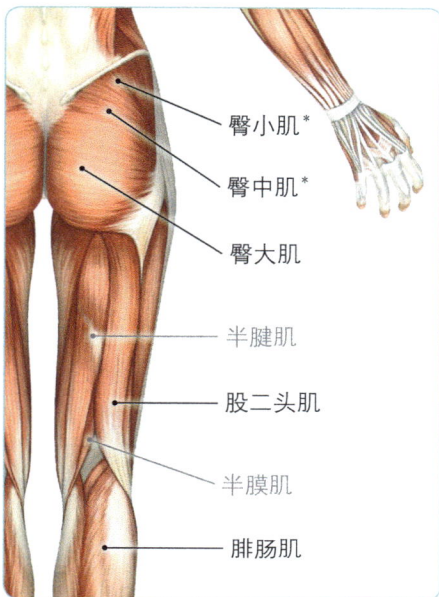

臀小肌*

臀中肌*

臀大肌

半腱肌

股二头肌

半膜肌

腓肠肌

黑色字体为主要锻炼的
肌肉

灰色字体为次要锻炼的
肌肉

最佳锻炼部位

- 臀小肌*
- 臀中肌*
- 臀大肌
- 股外侧肌
- 股内侧肌
- 股中间肌*
- 股直肌
- 股二头肌
- 腓肠肌

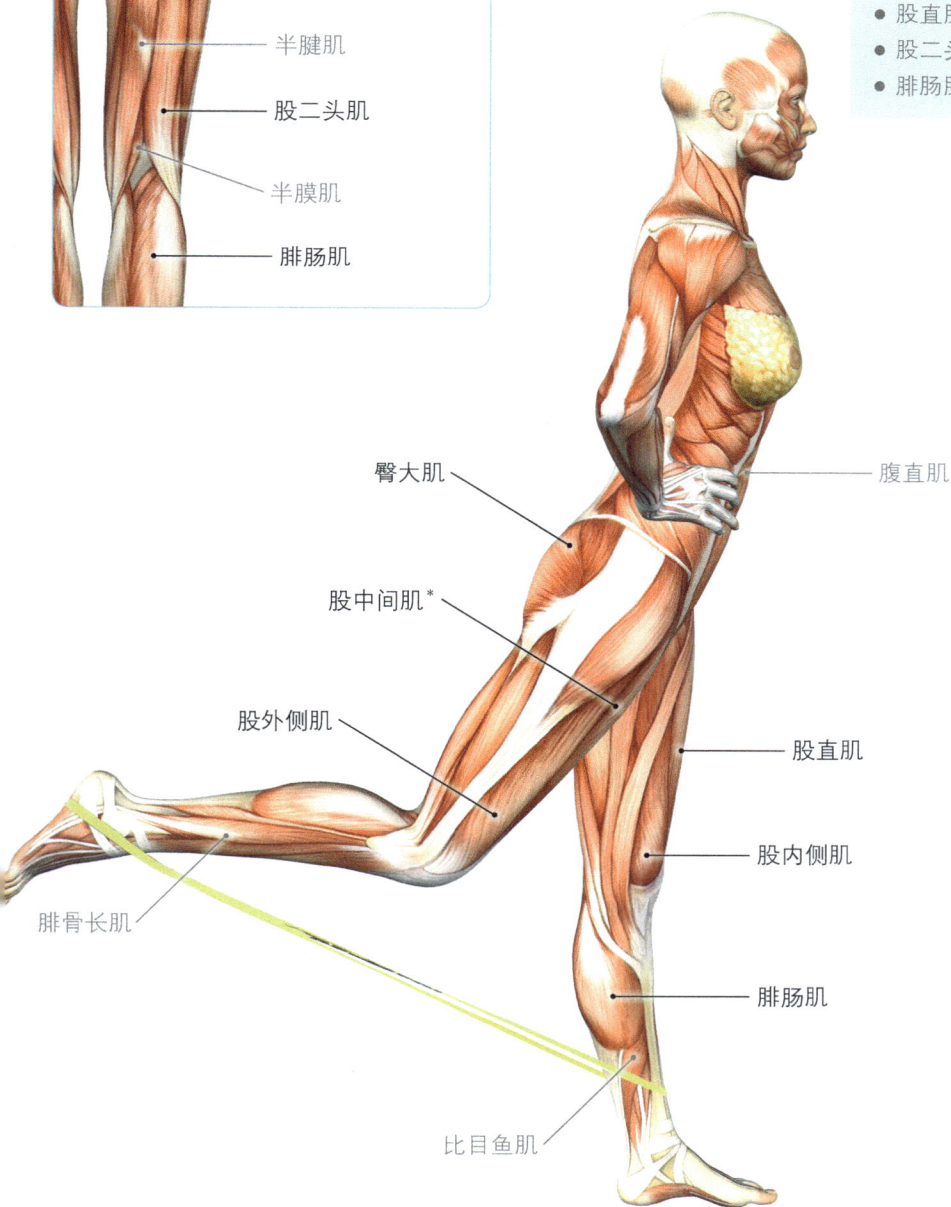

第4章

下肢训练

臀大肌

腹直肌

股中间肌*

股外侧肌

股直肌

腓骨长肌

股内侧肌

腓肠肌

比目鱼肌

单侧髋内收

① 身体呈站姿，双手扶腰。一侧腿站立以支撑身体，另一侧腿伸直外展，同时脚尖点地。将弹力带一端固定在拉伸腿的脚踝位置，另一端固定在体侧同等高度的物体上，保持弹力带绷直。

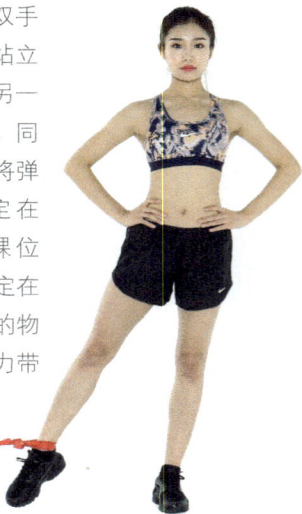

② 保持身体稳定，拉伸腿向内拉伸弹力带。

• **避免**

身体重心不稳
膝关节弯曲

• **正确做法**

身体挺直，核心收紧
拉伸腿伸直

③ 继续向内拉伸弹力带至对侧。恢复准备姿势，完成规定的次数。对侧亦然。

锻炼目标
• 大腿
• 臀部

锻炼器械
• 弹力带

级别
• 中级

呼吸提示
• 内收时呼气，恢复时吸气

注意 ⚠
• 若髋关节产生剧烈疼痛，则不建议进行此项训练

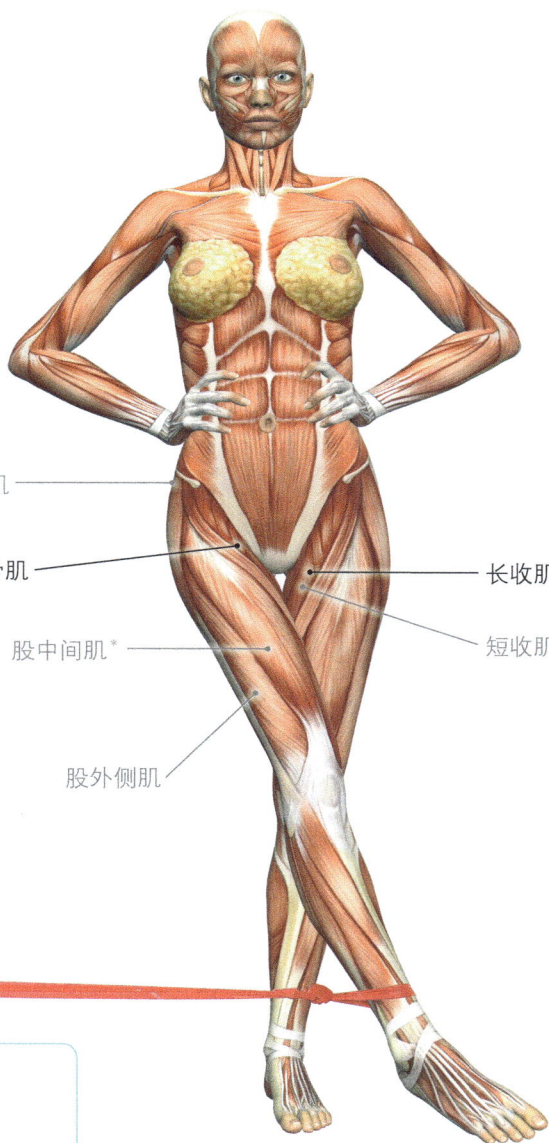

阔筋膜张肌

耻骨肌

股中间肌*

股外侧肌

长收肌

短收肌*

解析关键

黑色字体为主要锻炼的肌肉

灰色字体为次要锻炼的肌肉

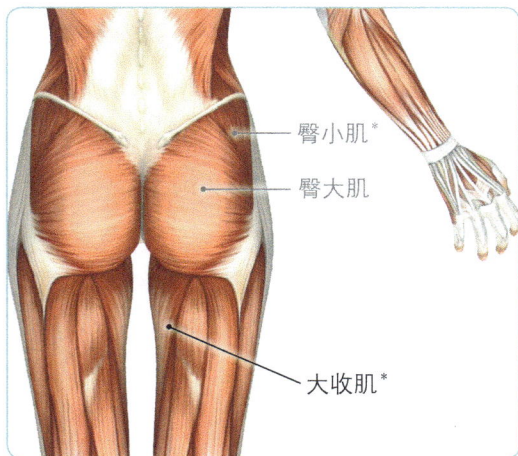

臀小肌*

臀大肌

大收肌*

小提示

训练过程中，核心保持收紧，速度不宜过快。

单侧髋后伸

❶ 身体呈站姿，双脚间距与
肩同宽。挺胸收腹，双手扶
腰。将弹力带一端固定在一
侧脚踝位置，另一端固定在
前方同等高度的物体上，保
持弹力带绷直。

锻炼目标
- 臀部
- 大腿

锻炼器械
- 弹力带

级别
- 中级

呼吸提示
- 后伸时呼气，恢复时
吸气

注意 ⚠
- 骨盆位置保持固定

- **避免**
躯干前倾

- **正确做法**
臀部肌肉收紧
核心收紧

❷ 保持身体稳定，固定弹力带的
腿向后拉伸，至与地面大约成
45度。恢复准备姿势，完成规
定的次数。对侧亦然。

最佳锻炼部位

- 臀大肌
- 半腱肌
- 股二头肌
- 半膜肌

◆ 解析关键

黑色字体为主要锻炼的
肌肉
灰色字体为次要锻炼的
肌肉

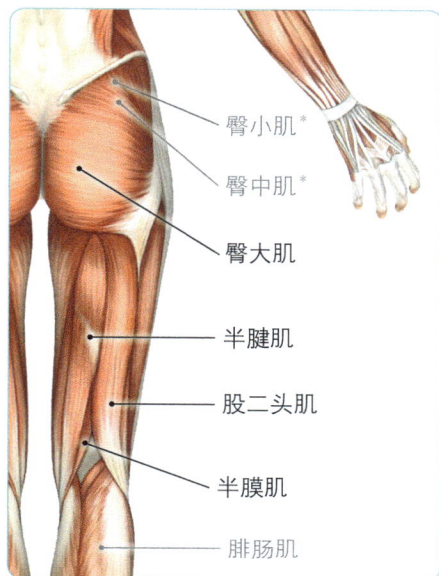

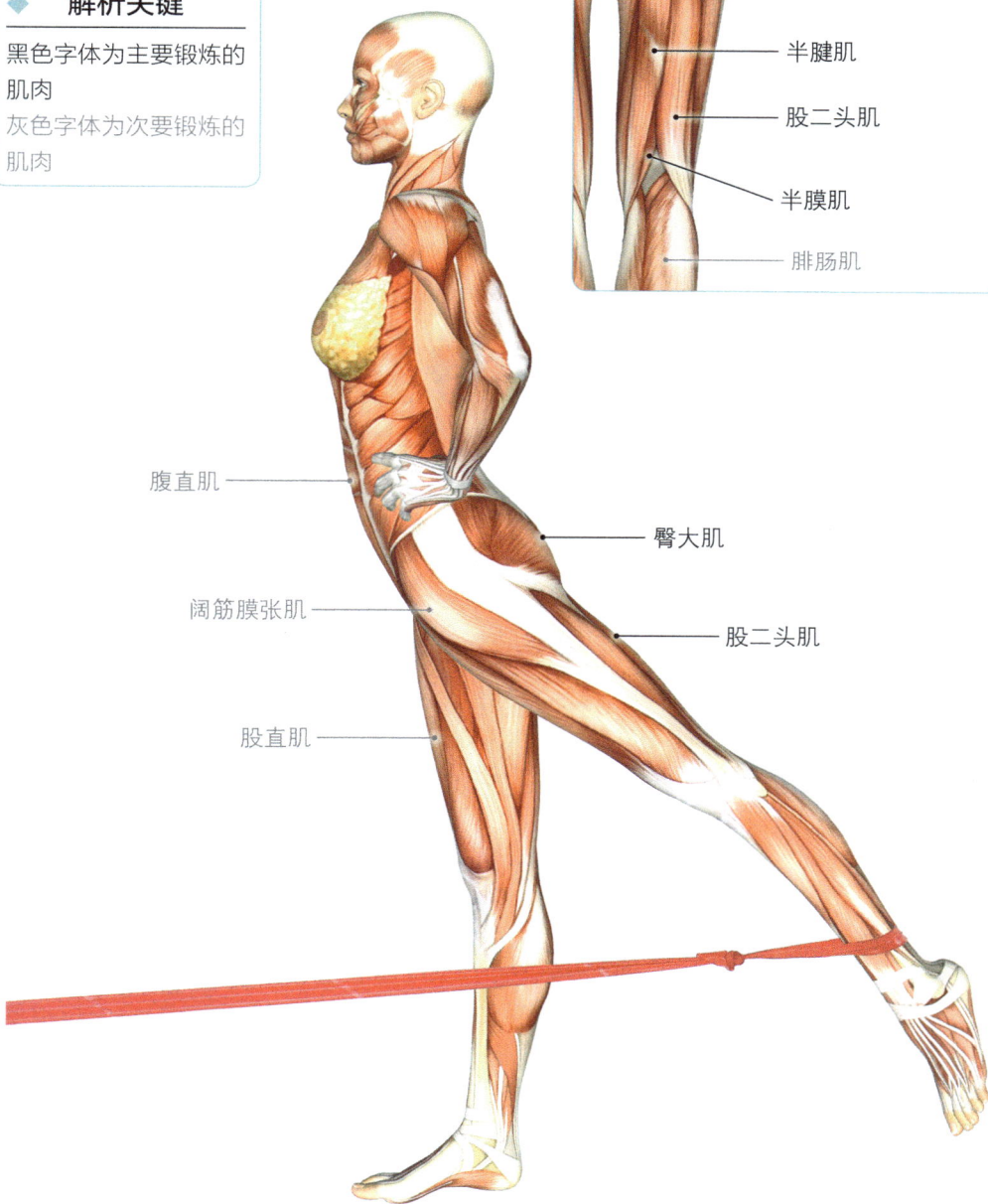

臀小肌*

臀中肌*

臀大肌

半腱肌

股二头肌

半膜肌

腓肠肌

腹直肌

阔筋膜张肌

股直肌

臀大肌

股二头肌

单侧髋外展

❶ 身体呈站姿，双脚间距与肩同宽，双手扶腰。将弹力带一端固定在一侧脚踝位置，另一侧脚踩住弹力带另一端，保持弹力带绷直。

❷ 保持身体姿势不变，缠绕弹力带的腿部向身体外侧抬起。

● **避免**

身体向一侧过度倾斜

膝关节弯曲

● **正确做法**

躯干保持挺直

核心收紧

锻炼目标
● 臀部
● 大腿

锻炼器械
● 弹力带

级别
● 中级

呼吸提示
● 外展时呼气，恢复时吸气

注意 ⚠
● 保持身体稳定

❸ 继续向身体外侧抬起，至大腿与地面大约成45度。恢复准备姿势，完成规定的次数。对侧亦然。

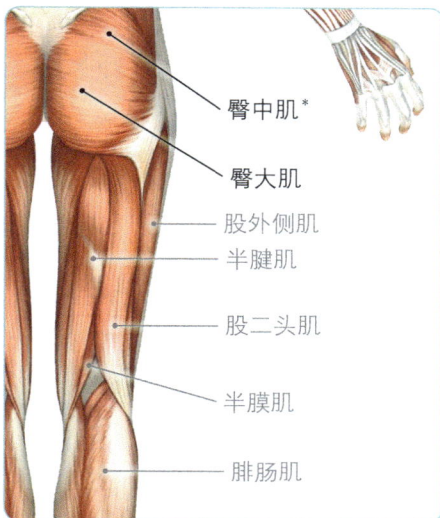

臀中肌 *

臀大肌

股外侧肌

半腱肌

股二头肌

半膜肌

腓肠肌

◆ **解析关键**

黑色字体为主要锻炼的肌肉

灰色字体为次要锻炼的肌肉

变式练习

身体呈坐姿，坐于训练椅上，将迷你弹力带穿过双腿，置于膝关节位置。双腿同时向身体两侧拉伸迷你弹力带，至双膝间距超过肩宽。

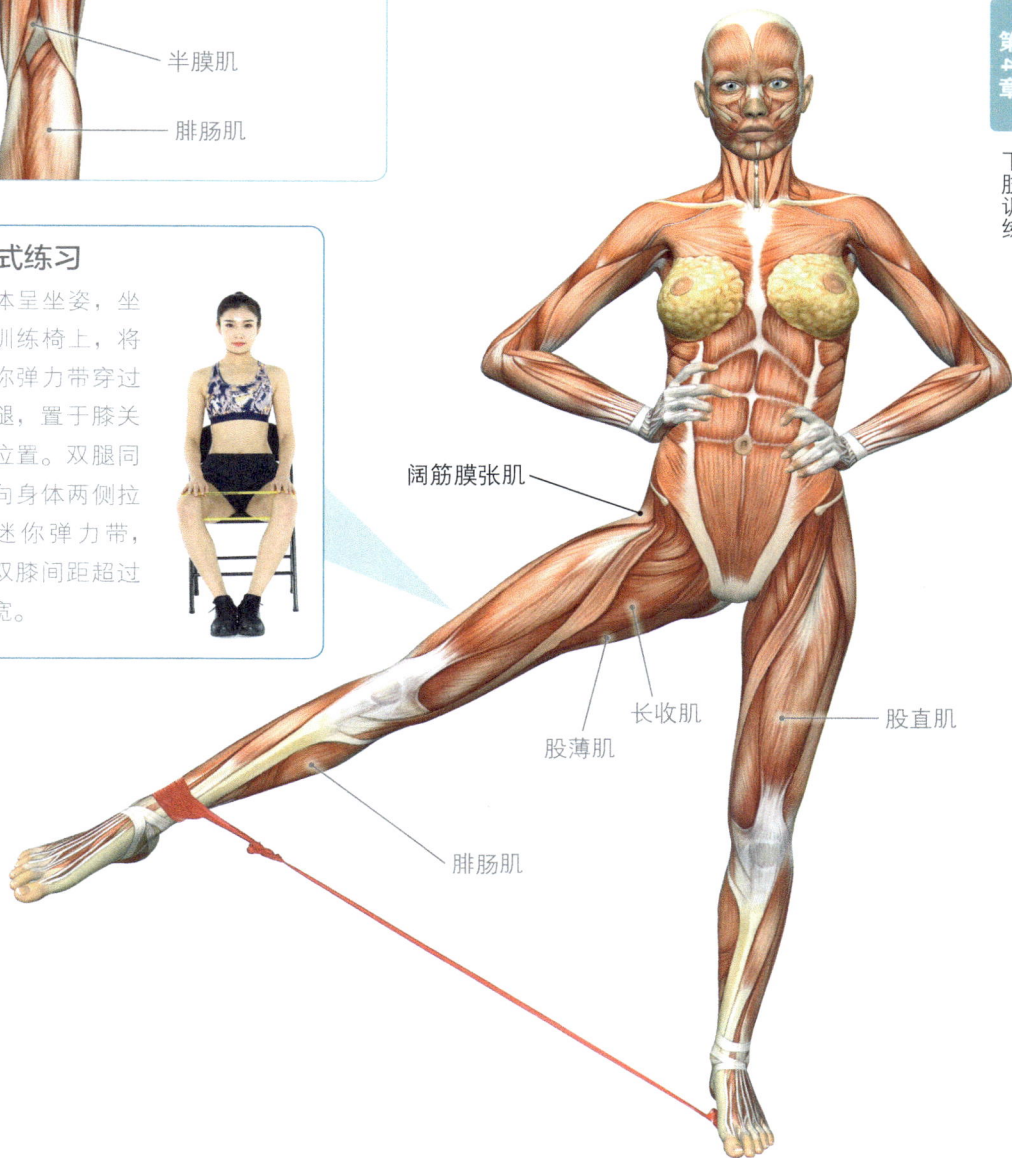

阔筋膜张肌

长收肌

股薄肌

股直肌

腓肠肌

单侧腘绳肌收缩

① 身体呈站姿，双手扶腰。将弹力带的一端固定在一侧脚踝位置，另一端固定在前方同等高度的物体上，保持弹力带绷直。

● **避免**

身体前倾
支撑腿移动位置

● **正确做法**

躯干挺直，核心收紧
支撑腿伸直

② 保持身体稳定，固定弹力带的腿部向后弯曲拉伸弹力带，至膝关节大约成90度角。恢复准备姿势，完成规定的次数。对侧亦然。

锻炼目标
● 大腿

锻炼器械
● 弹力带

级别
● 中级

呼吸提示
● 弯曲时呼气，恢复时吸气

注意 ⚠️
● 保持身体稳定

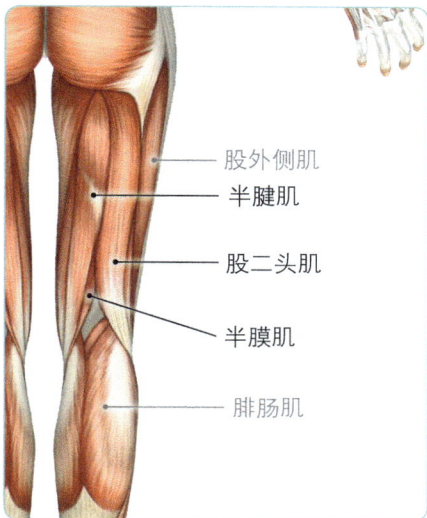

股外侧肌
半腱肌
股二头肌
半膜肌
腓肠肌

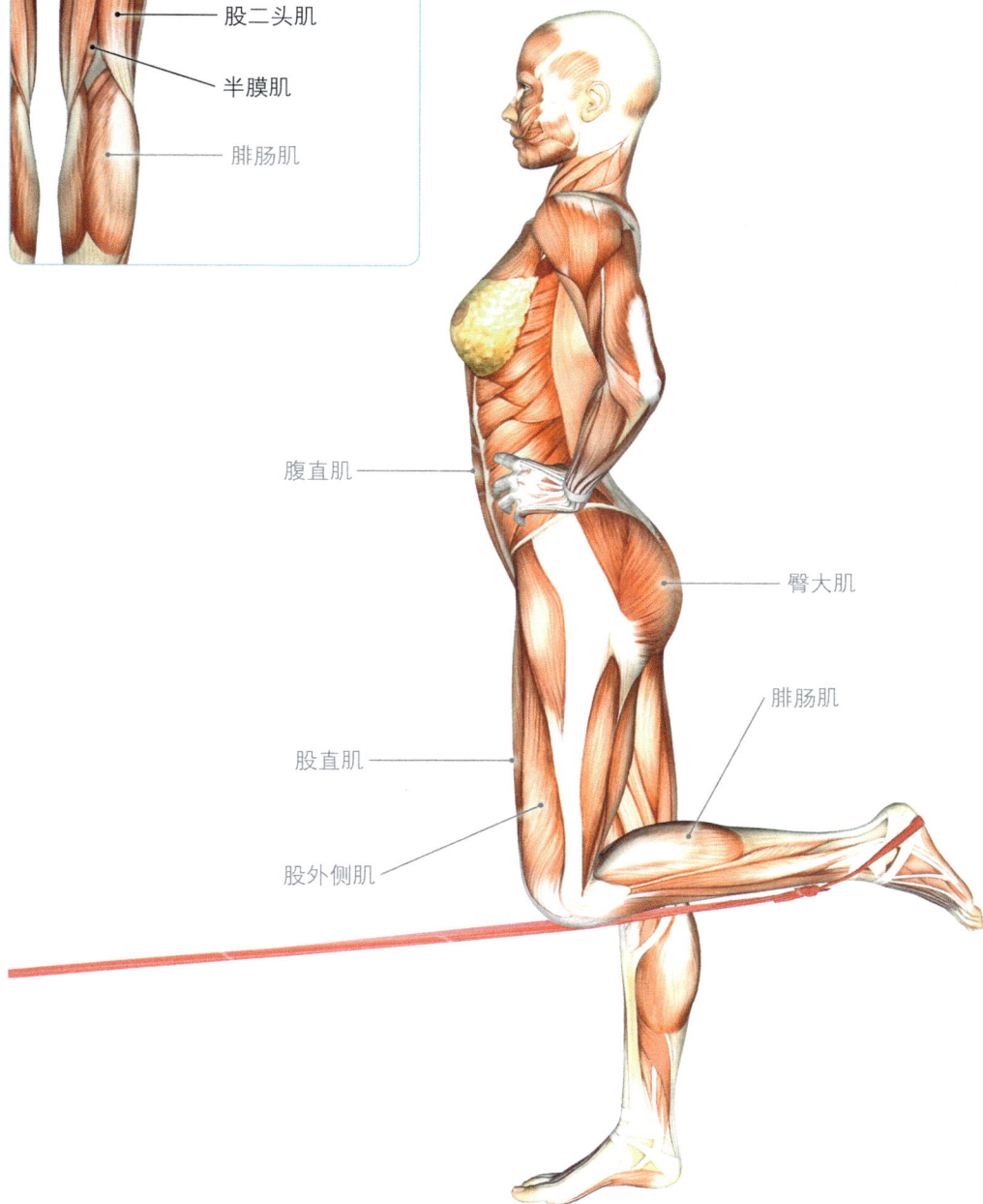

◆ **解析关键**

黑色字体为主要锻炼的肌肉

灰色字体为次要锻炼的肌肉

最佳锻炼部位

- 半腱肌
- 股二头肌
- 半膜肌

腹直肌

臀大肌

腓肠肌

股直肌

股外侧肌

双臂硬拉

① 身体呈站姿，躯干前倾，双腿屈膝至大腿与地面大约成45度。双脚间距与肩同宽，同时踩住弹力带中间位置，双手分别握紧弹力带两端，并置于膝盖两侧，保持弹力带绷直。

● **避免**

弯腰驼背
双臂屈肘

● **正确做法**

核心收紧
背部保持挺直

锻炼目标

● 臀部
● 大腿

锻炼器械

● 弹力带

级别

● 初级

呼吸提示

● 身体下降时吸气，站起时呼气

注意 ⚠️

● 若膝盖存在伤病，则不建议进行此项训练

② 保持手臂伸直，向上拉至身体直立。

③ 身体呈站姿，双臂伸直，自然垂落于身体两侧。恢复准备姿势，完成规定的次数。

臀大肌

股外侧肌
半腱肌

股二头肌

半膜肌

腓肠肌

背阔肌

腹直肌

腹外斜肌

臀大肌

股二头肌

腓肠肌

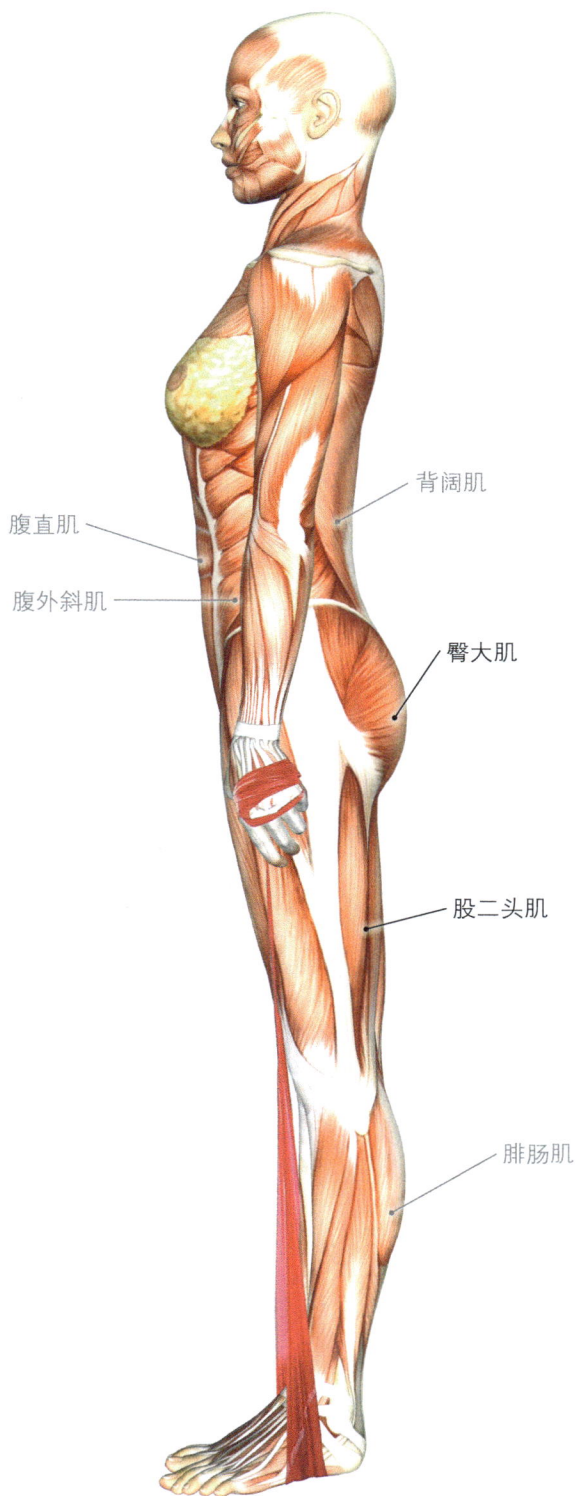

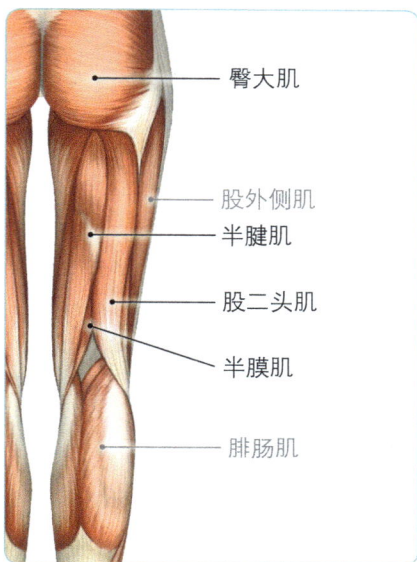

最佳锻炼部位

- 臀大肌
- 腘绳肌

◆ 解析关键

黑色字体为主要锻炼的肌肉
灰色字体为次要锻炼的肌肉

☼ 小提示

动作过程中，要求髋关节处于正确的位置，同时避免背部伸展过度。

深蹲

❶ 身体呈站姿，双脚开立与肩同宽，同时踩住弹力带中间位置。双手分别握紧弹力带两端，双臂向上弯举至肩部斜上方，保持弹力带绷直。

❷ 保持双臂姿势不变，双腿屈膝。身体下蹲至大腿与地面大约成45度。

● 避免

弯腰弓背
双腿出现抖动
膝盖外扩

● 正确做法

核心收紧
背部保持挺直

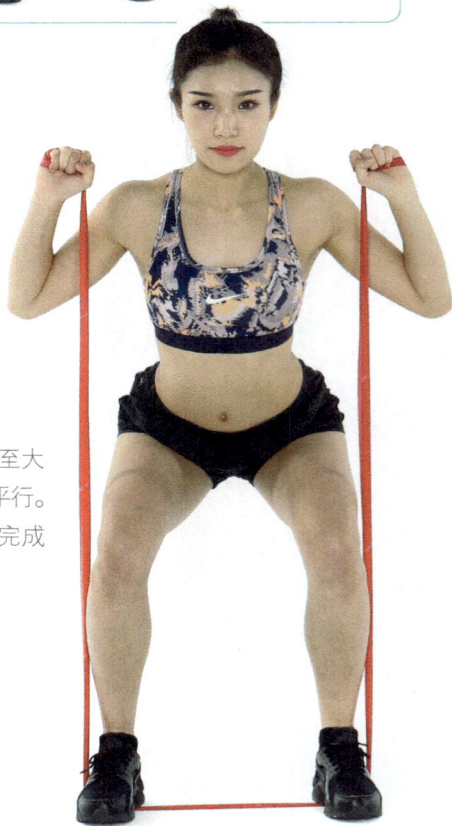

锻炼目标

● 臀部
● 大腿

锻炼器械

● 弹力带

级别

● 初级

呼吸提示

● 身体下蹲时呼气，上升时吸气

注意 ⚠

● 若膝盖存在伤病，则不建议进行此项训练

❸ 身体继续下蹲，至大腿尽可能与地面平行。恢复准备姿势，完成规定的次数。

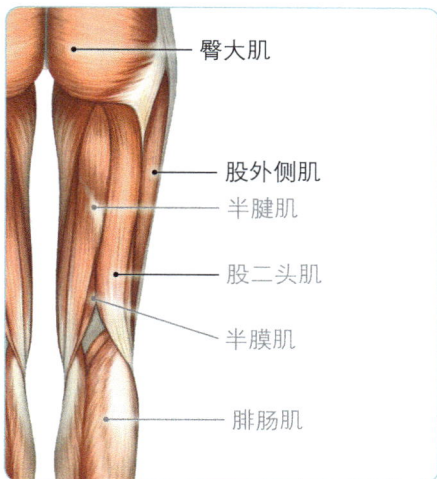

臀大肌

股外侧肌
半腱肌

股二头肌

半膜肌

腓肠肌

- 股外侧肌
- 股内侧肌
- 股中间肌*
- 股直肌
- 臀大肌

◆ **解析关键**

黑色字体为主要锻炼的肌肉

灰色字体为次要锻炼的肌肉

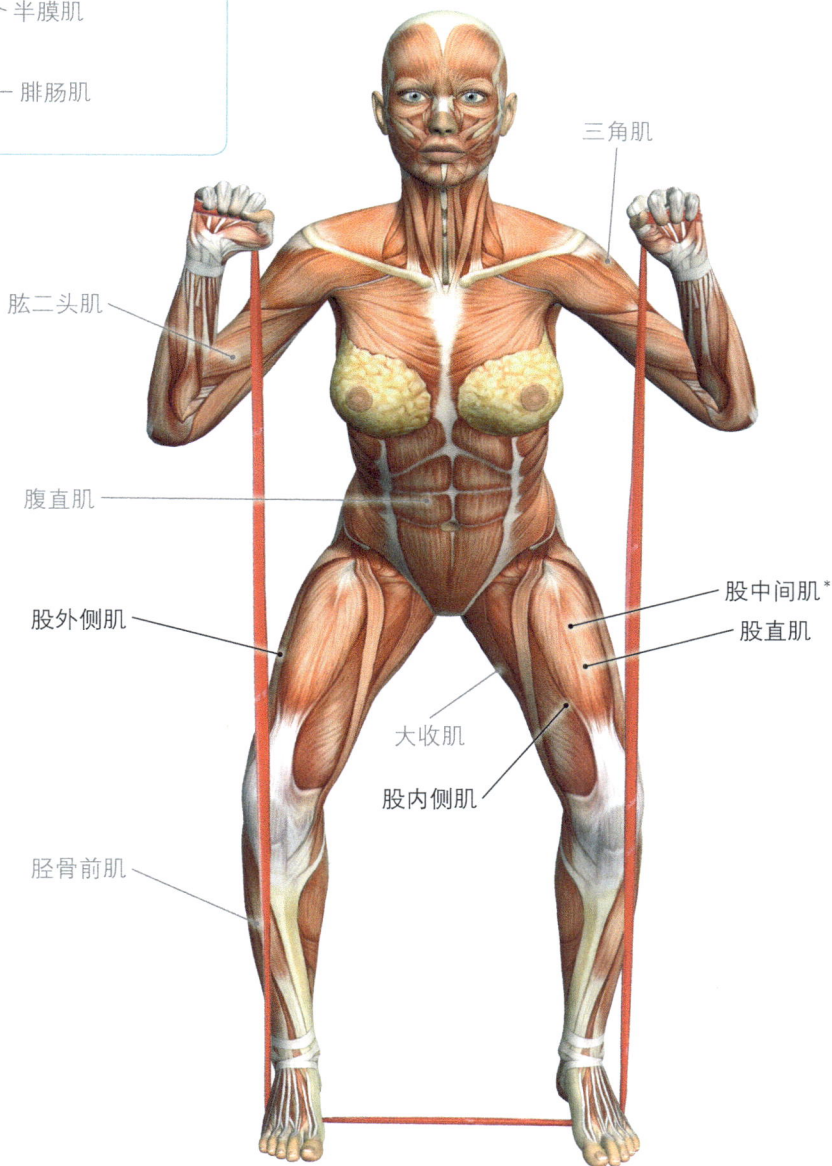

三角肌

肱二头肌

腹直肌

股外侧肌

股中间肌*
股直肌

大收肌

股内侧肌

胫骨前肌

单侧踝跖屈

❶ 坐于训练椅上，躯干挺直。一侧腿屈膝约90度撑于地面，另一侧腿向上抬起，与地面大约成45度，脚尖向上，双手握紧弹力带两端，并将弹力带中部绕过前脚掌。双臂屈肘后拉，保持弹力带绷直，双手位于腰部前侧。

● **避免**

跖屈侧膝关节弯曲
背部弓起

● **正确做法**

核心收紧
跖屈侧膝关节保持伸直
腰背部挺直

❷ 保持身体姿势不变，前脚掌下压，拉伸弹力带至脚踝伸展的最大限度。恢复准备姿势，完成规定的次数。对侧亦然。

锻炼目标

● 小腿

锻炼器械

● 弹力带、训练椅

级别

● 初级

呼吸提示

● 全程均匀呼吸

注意 ⚠

● 双臂保持固定

◆ **解析关键**

黑色字体为主要锻炼的肌肉

灰色字体为次要锻炼的肌肉

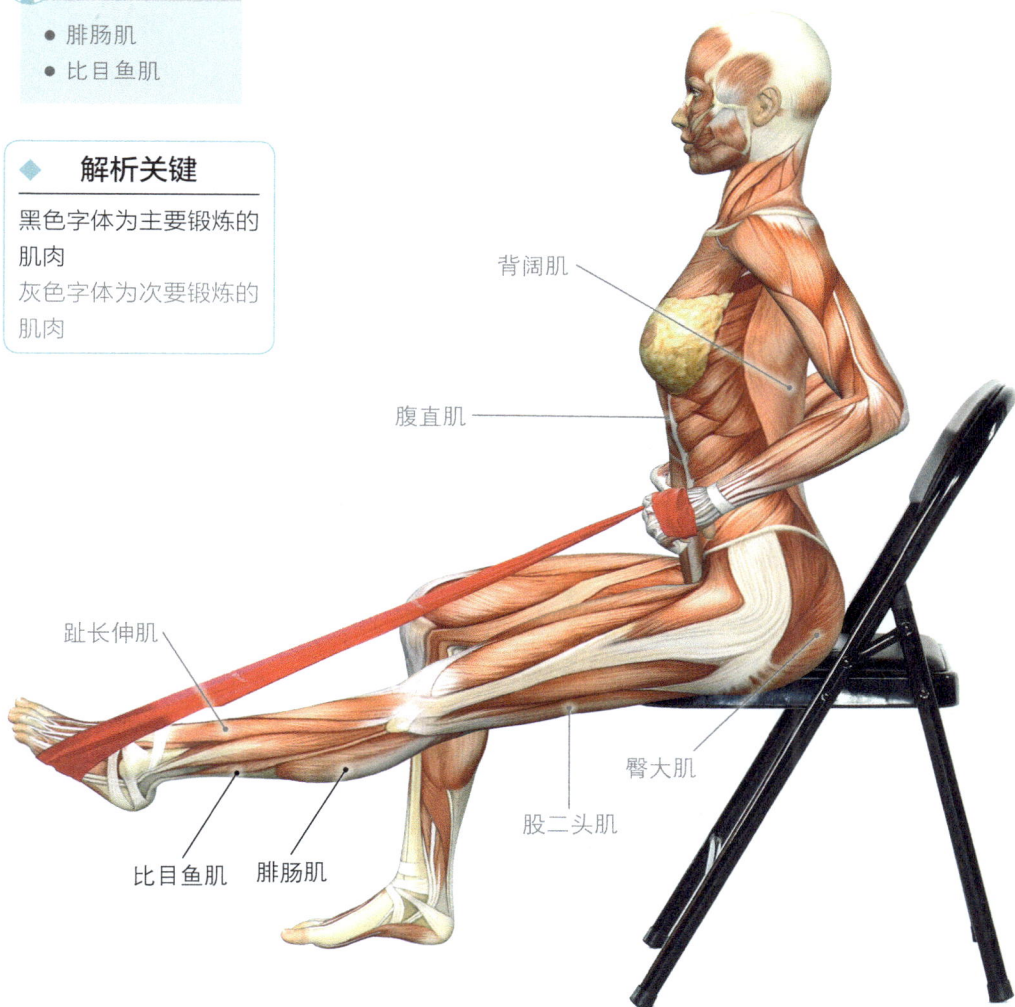

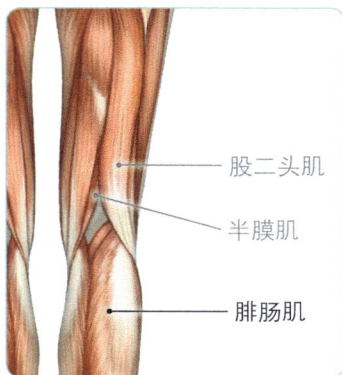

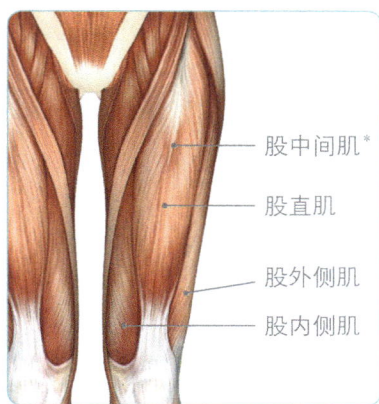

背阔肌

腹直肌

趾长伸肌

比目鱼肌　腓肠肌

臀大肌

股二头肌

股二头肌

半膜肌

腓肠肌

股中间肌*

股直肌

股外侧肌

股内侧肌

☀ **小提示**

动作过程中，身体其他部位保持不动，仅活动踝关节。

单侧蹬腿

❶ 坐于训练椅上，躯干挺直后仰，背靠椅背。一侧脚撑地，另一侧腿向上抬起，屈膝，脚与对侧膝盖同高。双手握紧弹力带两端，并将弹力带中部绕过脚底，保持弹力带绷直，双手位于腰部两侧。

锻炼目标
- 臀部
- 大腿

锻炼器械
- 弹力带、训练椅

级别
- 初级

呼吸提示
- 伸腿时呼气，恢复时吸气

注意 ⚠
- 若膝盖存在伤病，则不建议进行此项训练

- **避免**
  躯干用力前倾

- **正确做法**
  保持挺胸，核心收紧确保膝关节、髋关节未锁死

❷ 保持手臂姿势不变，悬空腿向前侧拉伸弹力带至腿部完全伸展。恢复准备姿势，完成规定的次数。对侧亦然。

长收肌

股中间肌*

股直肌

股外侧肌

股内侧肌

臀大肌

股外侧肌

半腱肌

股二头肌

半膜肌

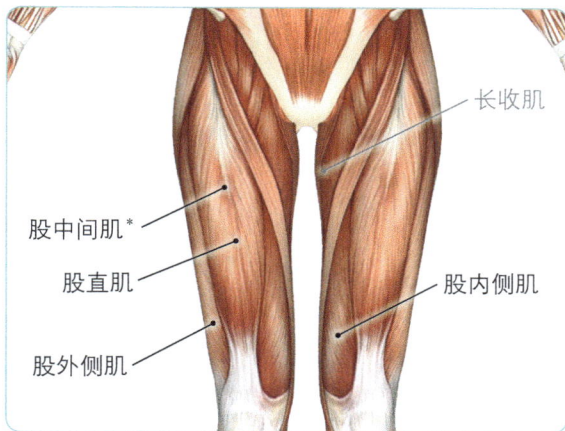

最佳锻炼部位

- 股中间肌*
- 股直肌
- 股外侧肌
- 股内侧肌
- 臀大肌
- 半腱肌
- 半膜肌
- 股二头肌

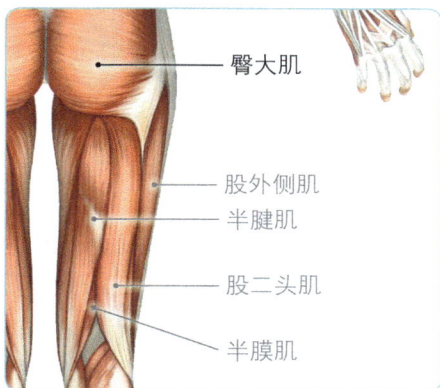

◆ 解析关键

黑色字体为主要锻炼的肌肉
灰色字体为次要锻炼的肌肉

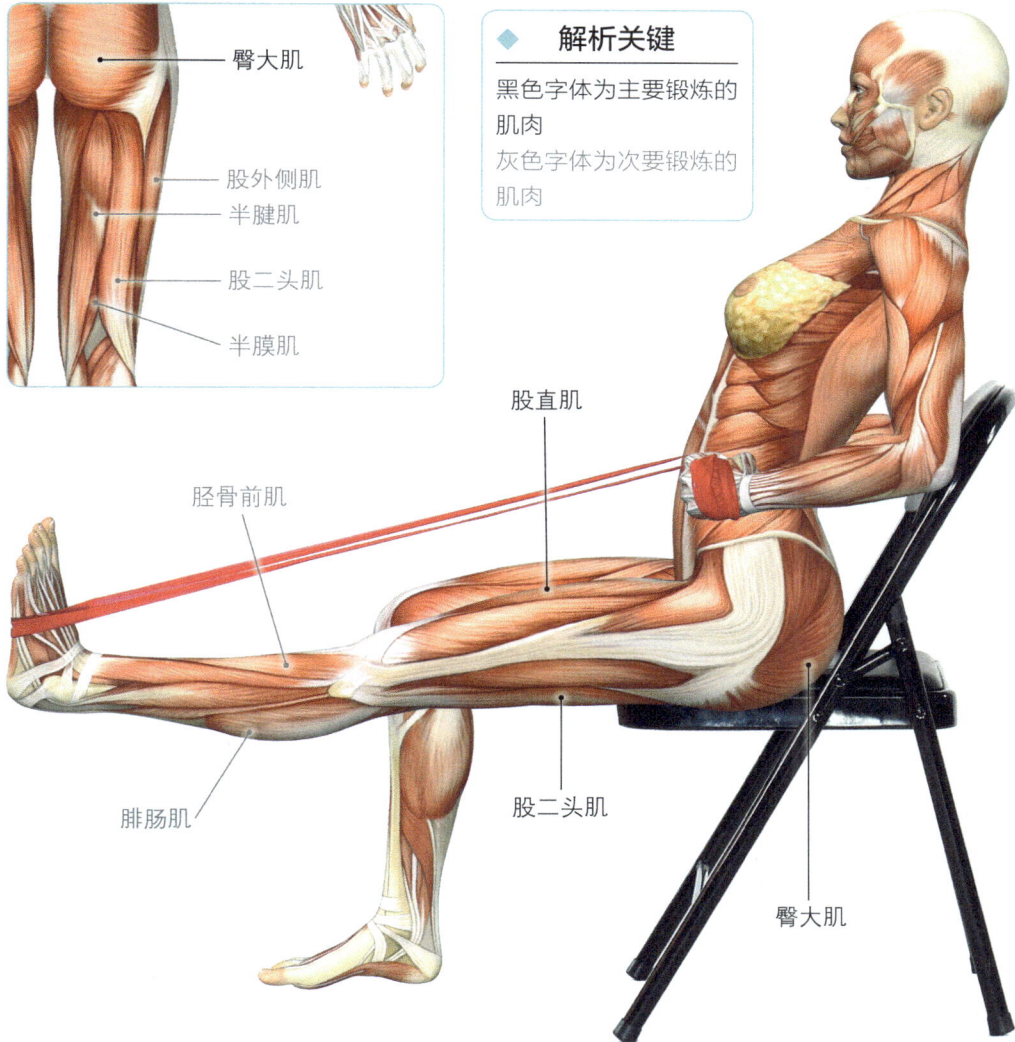

股直肌

胫骨前肌

股二头肌

腓肠肌

臀大肌

侧向走

❶ 躯干前倾，下身半蹲，双腿屈膝。双脚间距与肩同宽，将迷你弹力带绕过小腿，保持弹力带绷直。双臂屈肘，双手置于胸前。

❷ 保持半蹲姿势，一侧腿朝向左侧迈步，同时同侧手臂向后摆动，对侧手臂向前摆动。

❸ 对侧腿随之跟进，双脚间距恢复与肩同宽，完成规定的次数。对侧亦然。

锻炼目标
- 臀部
- 腿部

锻炼器械
- 弹力带

级别
- 中级

呼吸提示
- 全程保持均匀呼吸

注意 ⚠
- 训练过程中避免身体过度摆动

- **避免**

背部弯曲
膝关节内扣

- **正确做法**

双膝分离，脚尖向前
迷你弹力带保持拉紧
臀部收缩，核心收紧

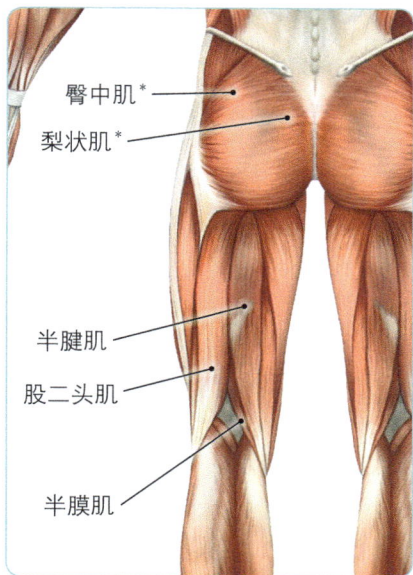

臀中肌*
梨状肌*

半腱肌
股二头肌
半膜肌

最佳锻炼部位

- 梨状肌*
- 股内侧肌
- 股外侧肌
- 股中间肌*
- 股直肌
- 半腱肌
- 股二头肌
- 半膜肌
- 胫骨前肌
- 臀中肌*

变式练习

保持半蹲姿势，向前交替迈步。

第 4 章

下肢训练

◆ 解析关键

黑色字体为主要锻炼的肌肉

灰色字体为次要锻炼的肌肉

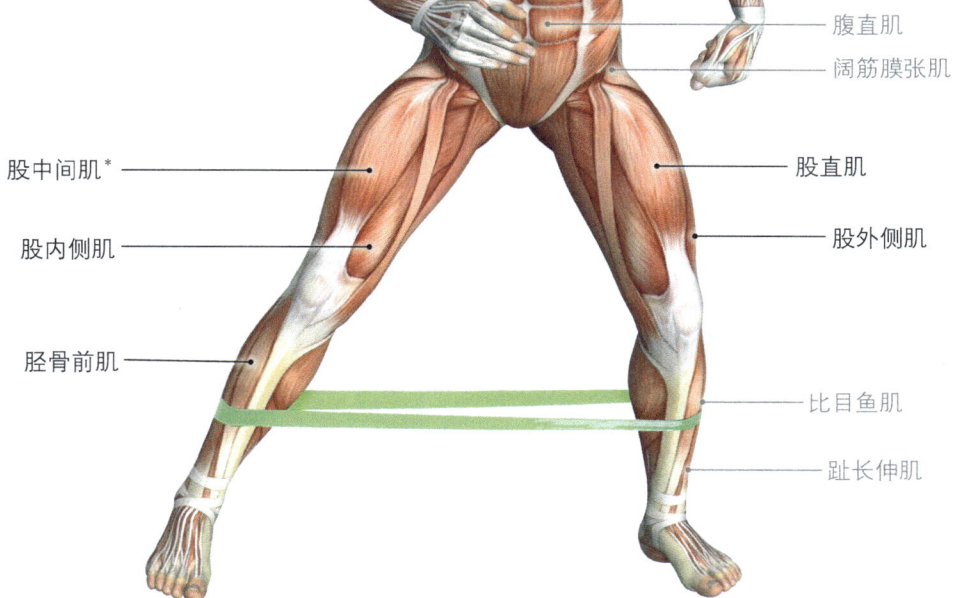

股中间肌*

股内侧肌

胫骨前肌

腹直肌

阔筋膜张肌

股直肌

股外侧肌

比目鱼肌

趾长伸肌

双脚提踵

❶ 身体呈站姿，双脚并拢，双脚前脚掌踩住弹力带中间位置。双手分别握住弹力带两端，双臂自然下垂，保持弹力带绷直。

● **避免**

身体重心不稳

弯腰弓背

● **正确做法**

躯干保持挺直

核心收紧

双臂保持伸直

锻炼目标

● 小腿

锻炼器械

● 弹力带

级别

● 初级

呼吸提示

● 抬脚时呼气，恢复时吸气

注意 ⚠

● 身体保持稳定

❷ 保持身体姿势不变，脚跟向上抬起至最大限度。恢复准备姿势，完成规定的次数。

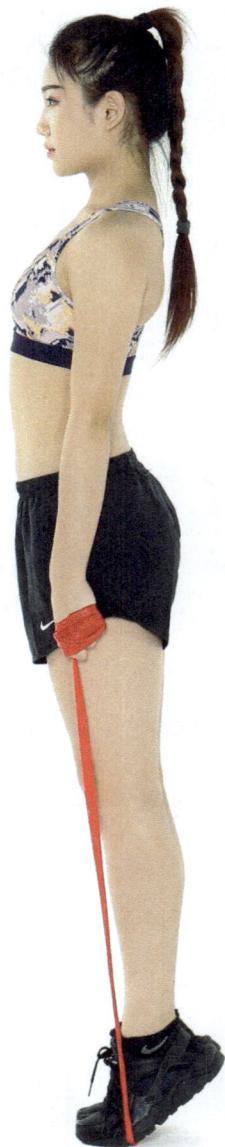

胫骨前肌

趾长伸肌

背阔肌

臀中肌*

臀大肌

股二头肌

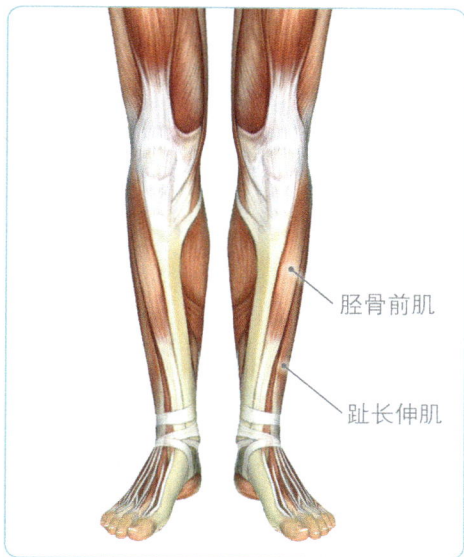

最佳锻炼部位

- 腓肠肌

◆ **解析关键**

黑色字体为主要锻炼的
肌肉
灰色字体为次要锻炼的
肌肉

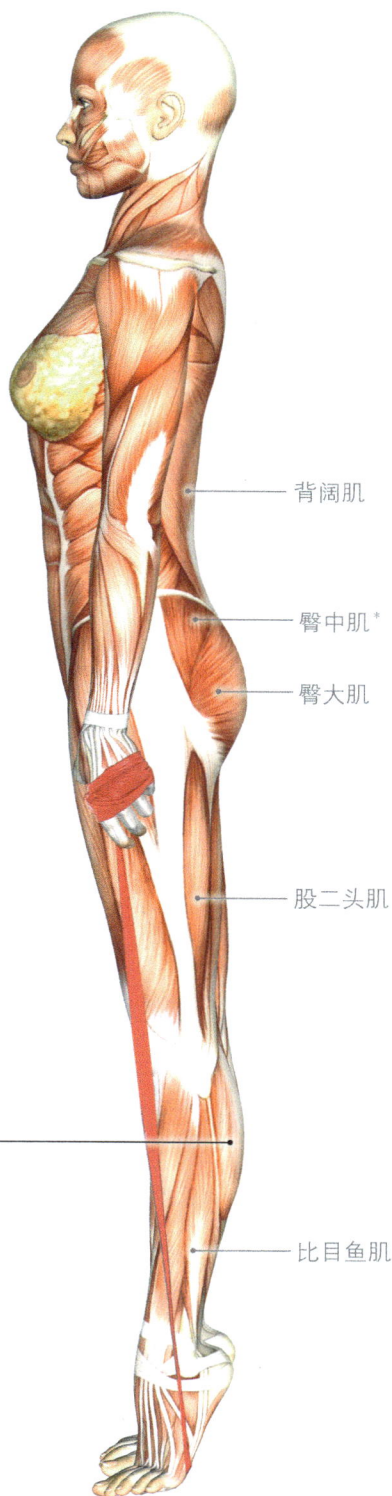

腓肠肌

比目鱼肌

05

CHAPTER FIVE

第 5 章
胸背训练

飞鸟

① 身体呈站姿，双脚开立与肩同宽。双臂向身体两侧伸展，双手分别握紧弹力带两端，将弹力带从背部绕过，保持弹力带绷直。

② 保持双臂伸直，向内拉伸弹力带。

● 避免

双臂超过肩膀后侧肩部上耸

● 正确做法

躯干挺直，核心收紧手臂伸直，掌心相对

③ 继续拉伸弹力带至双臂成前平举姿势，保持手臂与弹力带尽可能平行于地面。恢复准备姿势，完成规定的次数。

锻炼目标
● 胸部

锻炼器械
● 弹力带

级别
● 初级

呼吸提示
● 双臂侧平举时吸气，前平举时呼气

注意 ⚠
● 用肩部和肘关节带动双臂运动

◆ **解析关键**

黑色字体为主要锻炼的
肌肉
灰色字体为次要锻炼的
肌肉

最佳锻炼部位

• 胸大肌

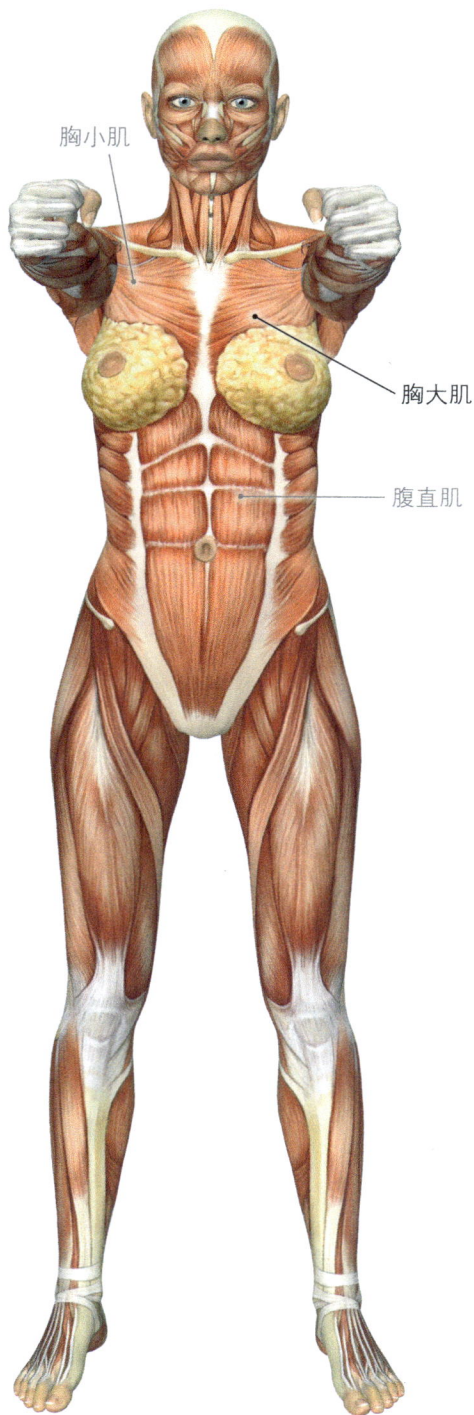

胸小肌

胸大肌

腹直肌

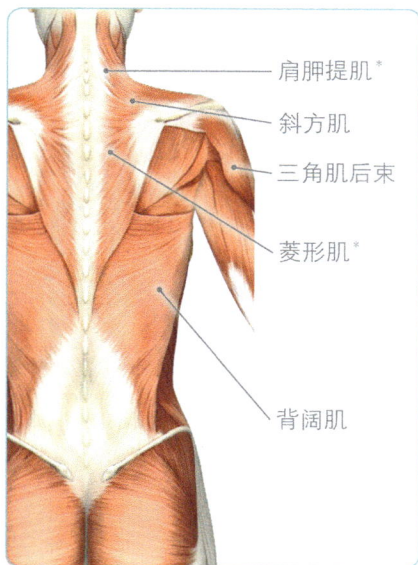

肩胛提肌[*]

斜方肌

三角肌后束

菱形肌[*]

背阔肌

第 5 章　胸背训练

胸前水平推

① 身体呈站姿，双脚开立与肩同宽。将弹力带从背部绕过，双手分别握紧弹力带两端。双臂屈肘，双手位于胸前位置。

② 保持身体姿势不变，双臂向前拉伸弹力带。

• **避免**

肩部上耸
身体重心不稳

锻炼目标
• 胸部
• 手臂

锻炼器械
• 弹力带

级别
• 初级

呼吸提示
• 向前推时呼气，恢复时吸气

注意 ⚠️
• 身体挺直，不可前后晃动

• **正确做法**

躯干挺直，核心收紧
双臂水平前推

③ 继续拉伸弹力带至双臂完全伸直，并尽可能与地面平行。恢复准备姿势，完成规定的次数。

变式练习

保持身体姿势不变，一侧手臂向前拉伸弹力带至手臂完全伸直，双臂交替进行。

◆ 解析关键

黑色字体为主要锻炼的肌肉
灰色字体为次要锻炼的肌肉

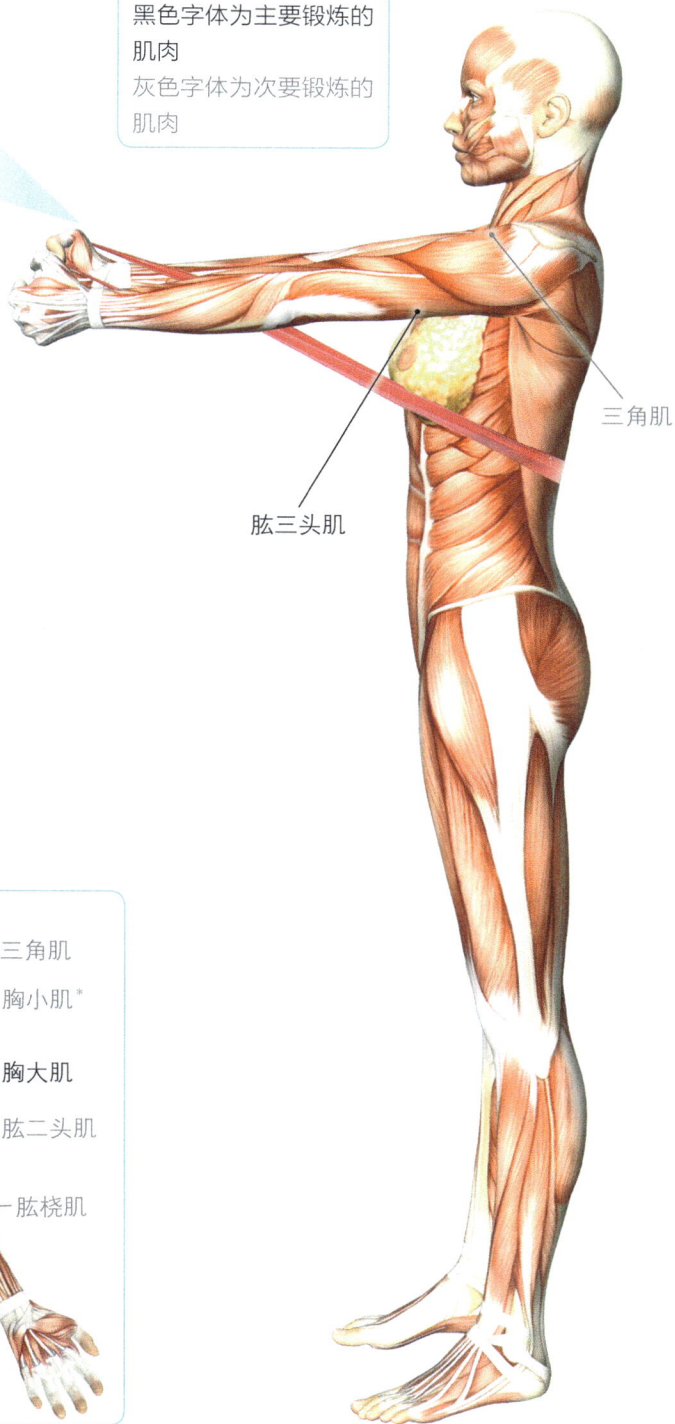

三角肌

肱三头肌

👤 最佳锻炼部位

- 肱三头肌
- 胸大肌

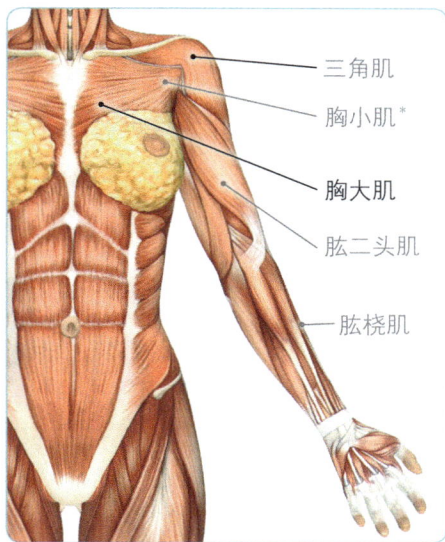

三角肌

胸小肌*

胸大肌

肱二头肌

肱桡肌

双臂胸前斜向推

① 身体呈站姿，双脚开立与肩同宽。双手分别握紧弹力带两端，并使弹力带从背后绕过，双臂屈肘，双手位于胸前，保持弹力带绷直。

● **避免**

肩部上耸
躯干后仰

● **正确做法**

核心收紧，背部挺直
肩部发力，双臂上推

锻炼目标
● 胸部
● 手臂

锻炼器械
● 弹力带

级别
● 初级

呼吸提示
● 起始姿势时吸气，动作过程中呼气

注意 ⚠
● 双臂还原时速度不宜过快

② 保持身体姿势不变，双臂向斜上方拉伸弹力带。

③ 继续拉伸弹力带至双臂完全伸直。双手位于头部前方。恢复准备姿势，完成规定的次数。

第5章

胸背训练

肱桡肌

肱二头肌

胸大肌

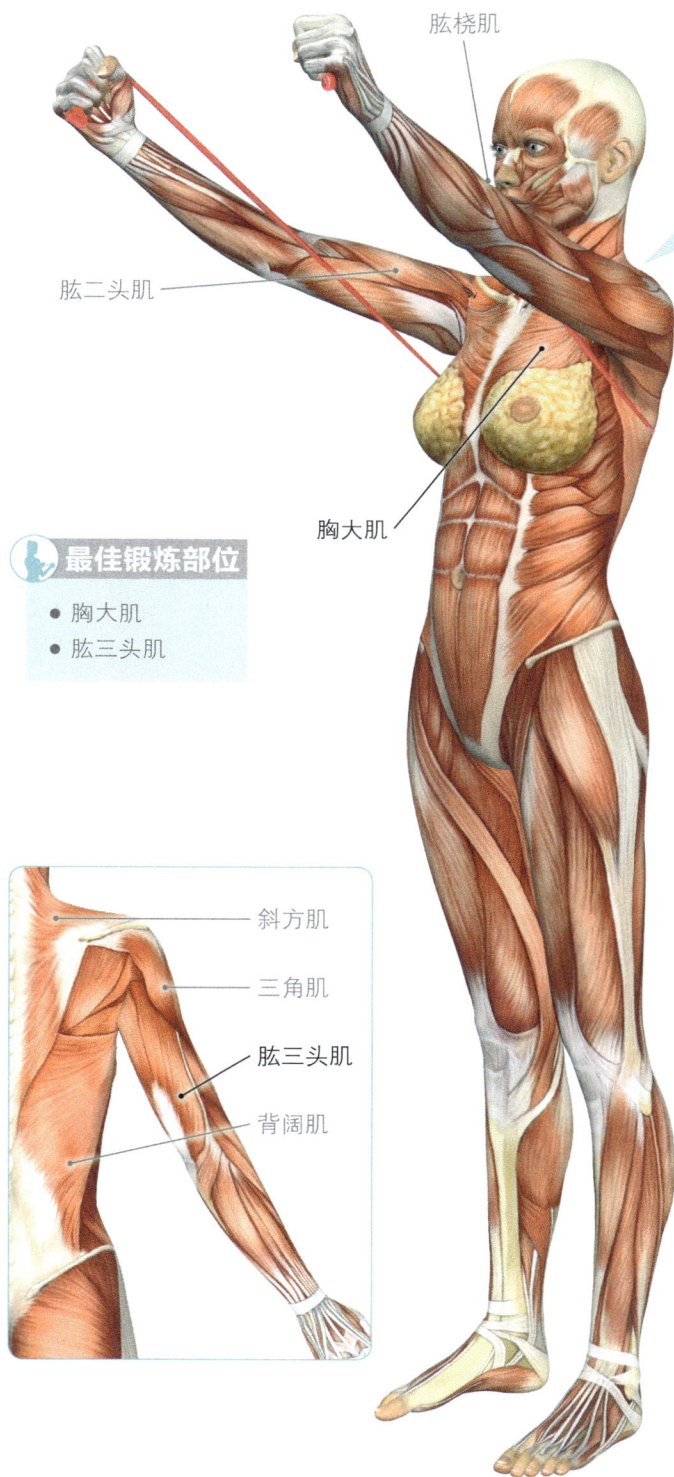

最佳锻炼部位

- 胸大肌
- 肱三头肌

斜方肌

三角肌

肱三头肌

背阔肌

变式练习

双手分别握紧弹力带两端，并使弹力带从背后绕过，双臂屈肘，保持弹力带绷直。双臂交替向胸前斜上方拉伸弹力带。

第5章

胸背训练

◆ **解析关键**

黑色字体为主要锻炼的肌肉
灰色字体为次要锻炼的肌肉

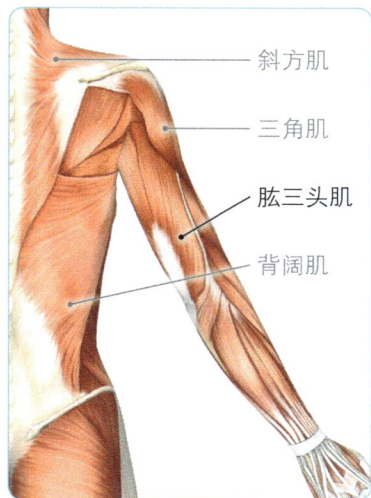

弓步前推

① 躯干挺直，右腿向前迈步，呈弓步姿势。右腿的同侧手臂向内弯曲，手位于对侧肩部，左侧手臂向前弯曲至肘关节大约成90度角，双手分别紧握弹力带两端，保持弹力带绷直。

● **避免**

动作速度过快

躯干不稳定

● **正确做法**

手臂完全伸展

躯干挺直，核心收紧

锻炼目标
● 胸部
● 手臂

锻炼器械
● 弹力带

级别
● 初级

呼吸提示
● 前推时呼气，恢复时吸气

注意 ⚠
● 若肩部或肘关节存在不适，则不建议进行此项训练

② 保持身体姿势不变，左侧手臂向斜下方拉伸弹力带至手臂完全伸直。恢复准备姿势，两侧交替进行，完成规定的次数。

三角肌

肱二头肌

肱三头肌

腹直肌

最佳锻炼部位

- 胸大肌
- 肱三头肌

◆ **解析关键**

黑色字体为主要锻炼的肌肉

灰色字体为次要锻炼的肌肉

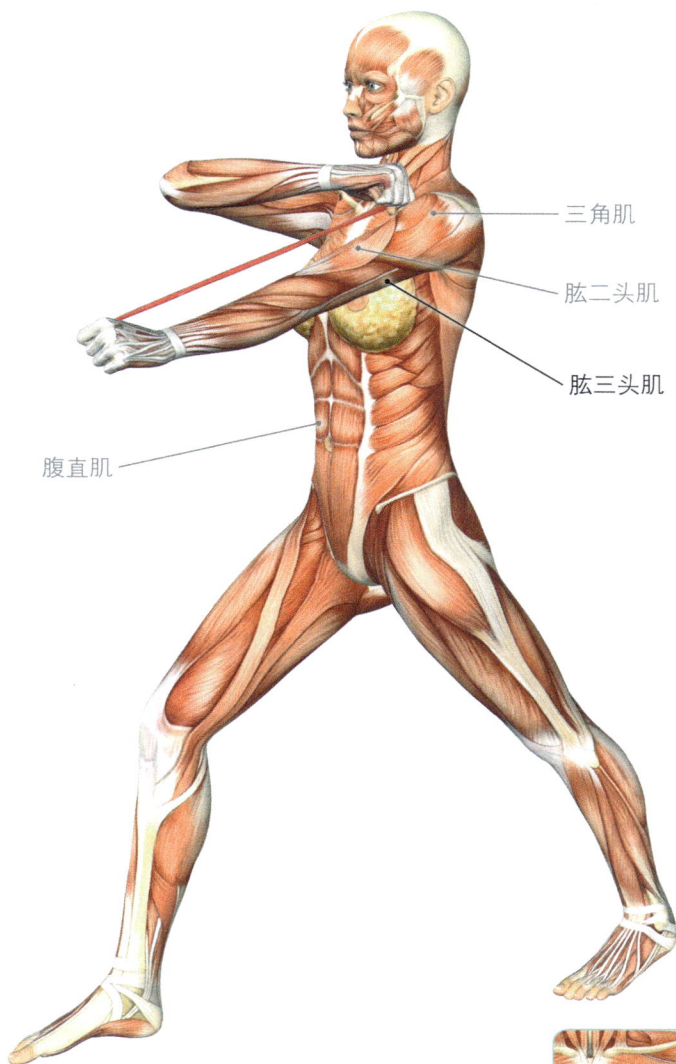

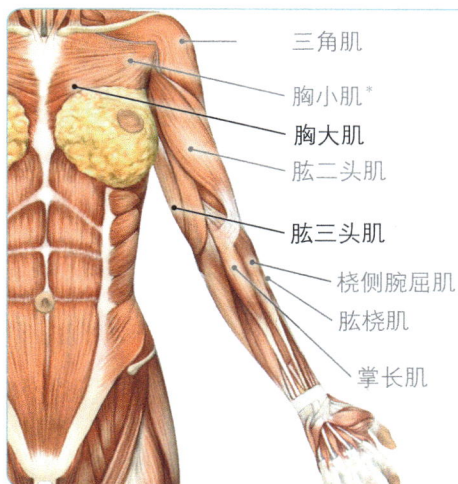

三角肌

胸小肌*

胸大肌

肱二头肌

肱三头肌

桡侧腕屈肌

肱桡肌

掌长肌

小提示

动作过程中保持身体姿势不变，仅由手臂拉伸弹力带。

斜角下拉

❶ 身体呈站姿，双脚开立与肩同宽。双臂向斜上方伸展，双手握紧弹力带两端，并将弹力带中间位置固定在斜上方物体上，保持弹力带绷直。

• **避免**

双腿屈膝，躯干前俯

❷ 保持身体姿势不变，双臂下拉弹力带。

锻炼目标
• 背部
• 肩部

锻炼器械
• 弹力带

级别
• 初级

呼吸提示　◔
• 双臂下拉时呼气，恢复时吸气

注意　⚠
• 确保肩部和肘关节的灵活性

• **正确做法**

核心收紧，背部始终保持挺直

❸ 继续下拉弹力带至双手位于腰部两侧。恢复准备姿势，完成规定的次数。

斜方肌

竖脊肌*

三角肌

大圆肌*

肱三头肌

背阔肌

三角肌

胸大肌

肱桡肌

腹直肌

尺侧腕屈肌

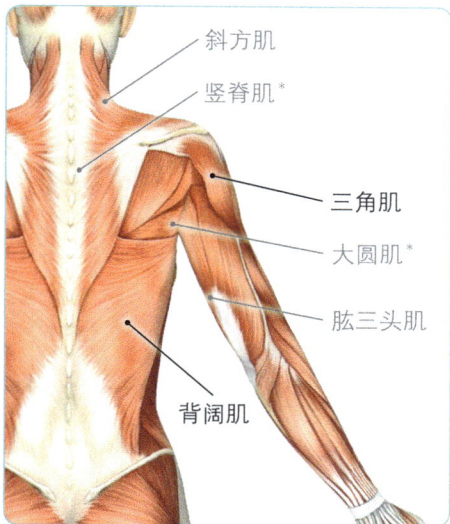

最佳锻炼部位

- 背阔肌
- 三角肌

◆ **解析关键**

黑色字体为主要锻炼的肌肉

灰色字体为次要锻炼的肌肉

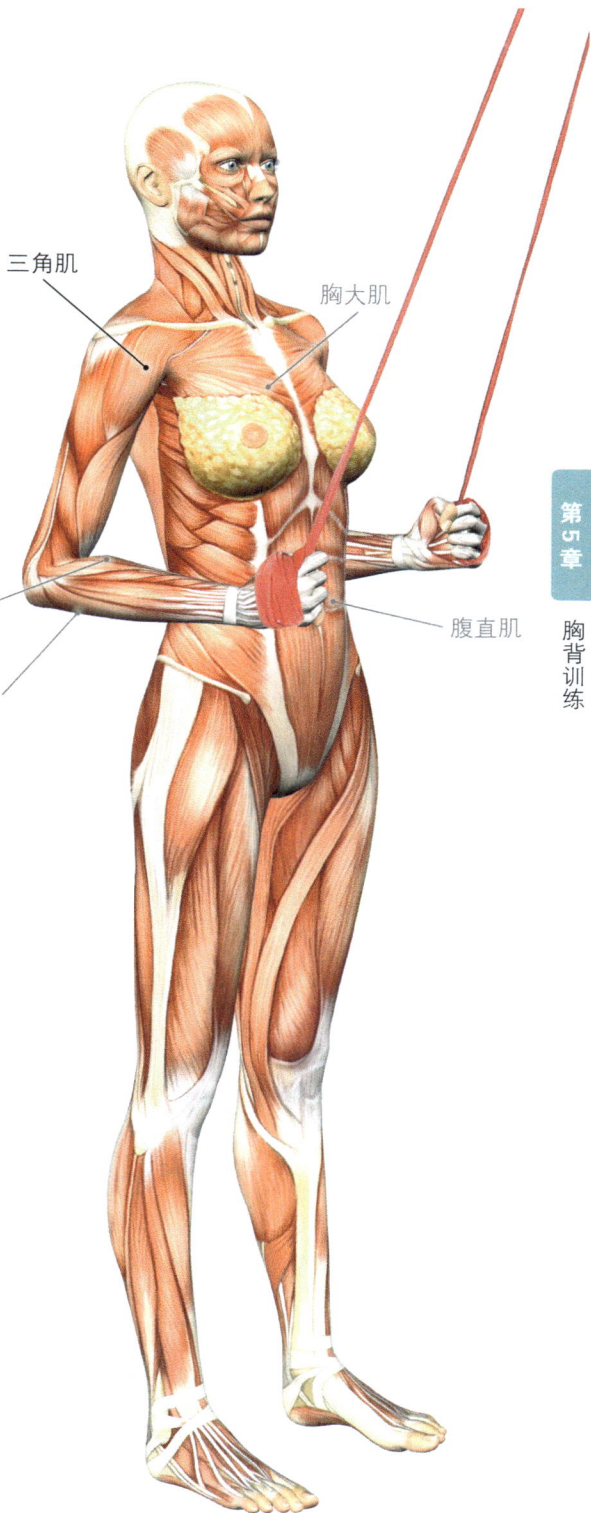

☼ **小提示**

动作速度不宜过快，双臂缓慢拉伸弹力带。

爆发力前推

① 身体呈站姿，双脚开立与肩同宽。双手分别握紧弹力带两端，双臂屈肘约90度，与肩部同高且尽可能平行于地面。将弹力带中间位置固定在身后同等高度的物体上，保持弹力带绷直。

② 保持身体姿势不变，双臂快速前推。

● 避免
身体前倾

● 正确做法
动作保持连贯
核心收紧

③ 双臂前推至完全伸展，同时双臂与弹力带尽可能平行于地面。恢复准备姿势，完成规定的次数。

锻炼目标
● 胸部
● 肩部

锻炼器械
● 弹力带

级别
● 中级

呼吸提示
● 前推时呼气，恢复时吸气

注意 ⚠
● 若肩部或关节部存在伤病，则不建议进行此项训练

三角肌

胸大肌

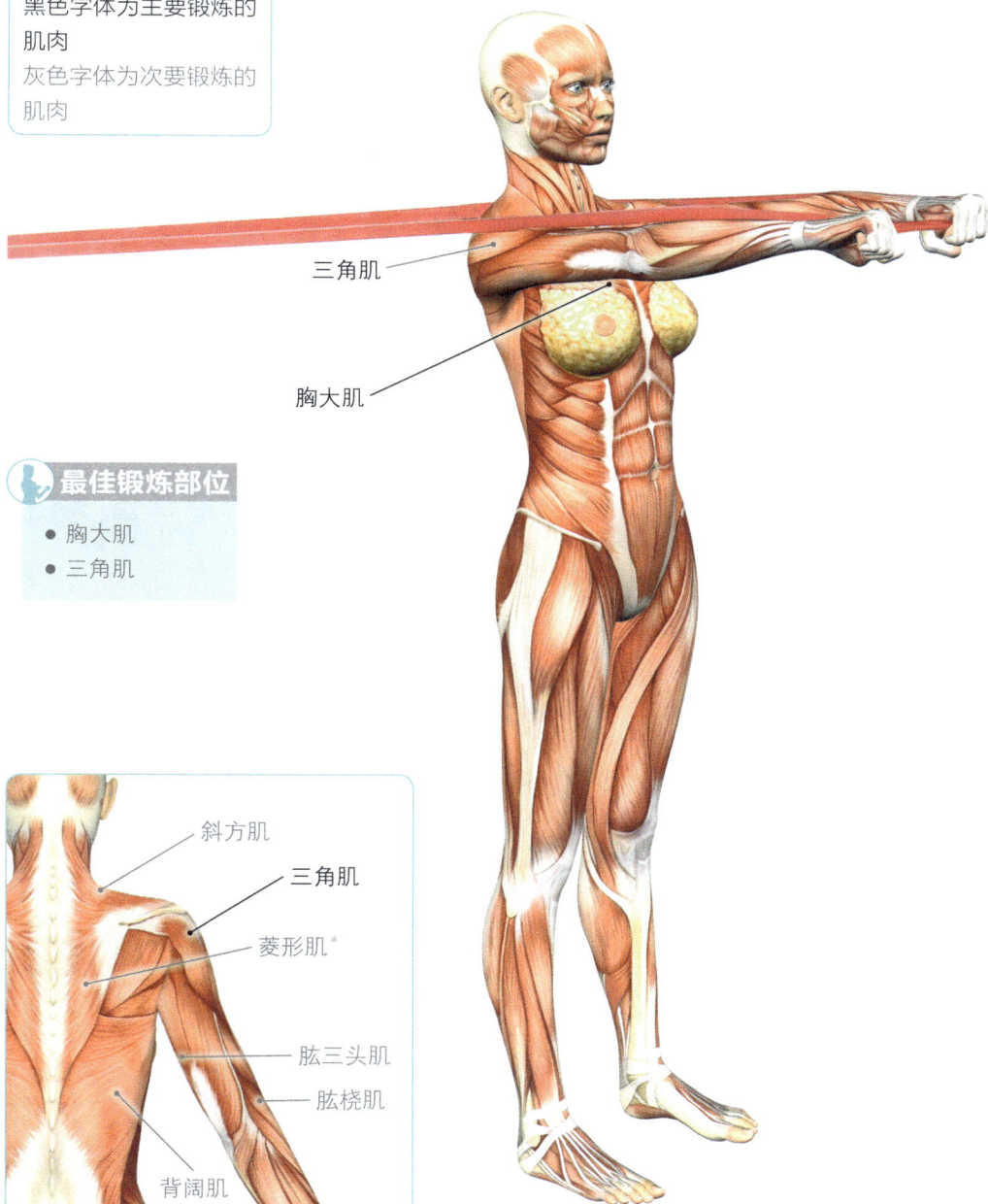

最佳锻炼部位

- 胸大肌
- 三角肌

斜方肌

三角肌

菱形肌*

肱三头肌

肱桡肌

背阔肌

第5章

胸背训练

肩关节单臂水平内收

① 身体呈站姿，双脚开立与肩同宽。一侧手臂向侧面伸直并紧握弹力带一端，将弹力带另一端固定在体侧等高的其他物体上，保持弹力带绷直。

● 避免

身体向一侧倾斜
手臂上下移动

② 保持身体姿势不变，手臂伸直并向内侧拉伸弹力带。

锻炼目标
- 胸部
- 肩部

锻炼器械
- 弹力带

级别
- 初级

呼吸提示
- 内收时呼气，恢复时吸气

注意 ⚠️
- 若肩部或腰部存在不适，则不建议进行此项训练

● 正确做法

核心收紧
背部保持挺直，身体保持稳定

③ 继续拉伸弹力带至手臂呈前平举姿势，保持手臂和弹力带尽可能平行于地面。恢复准备姿势，两侧交替进行，完成规定的次数。

- 胸大肌
- 三角肌

解析关键

黑色字体为主要锻炼的
肌肉
灰色字体为次要锻炼的
肌肉

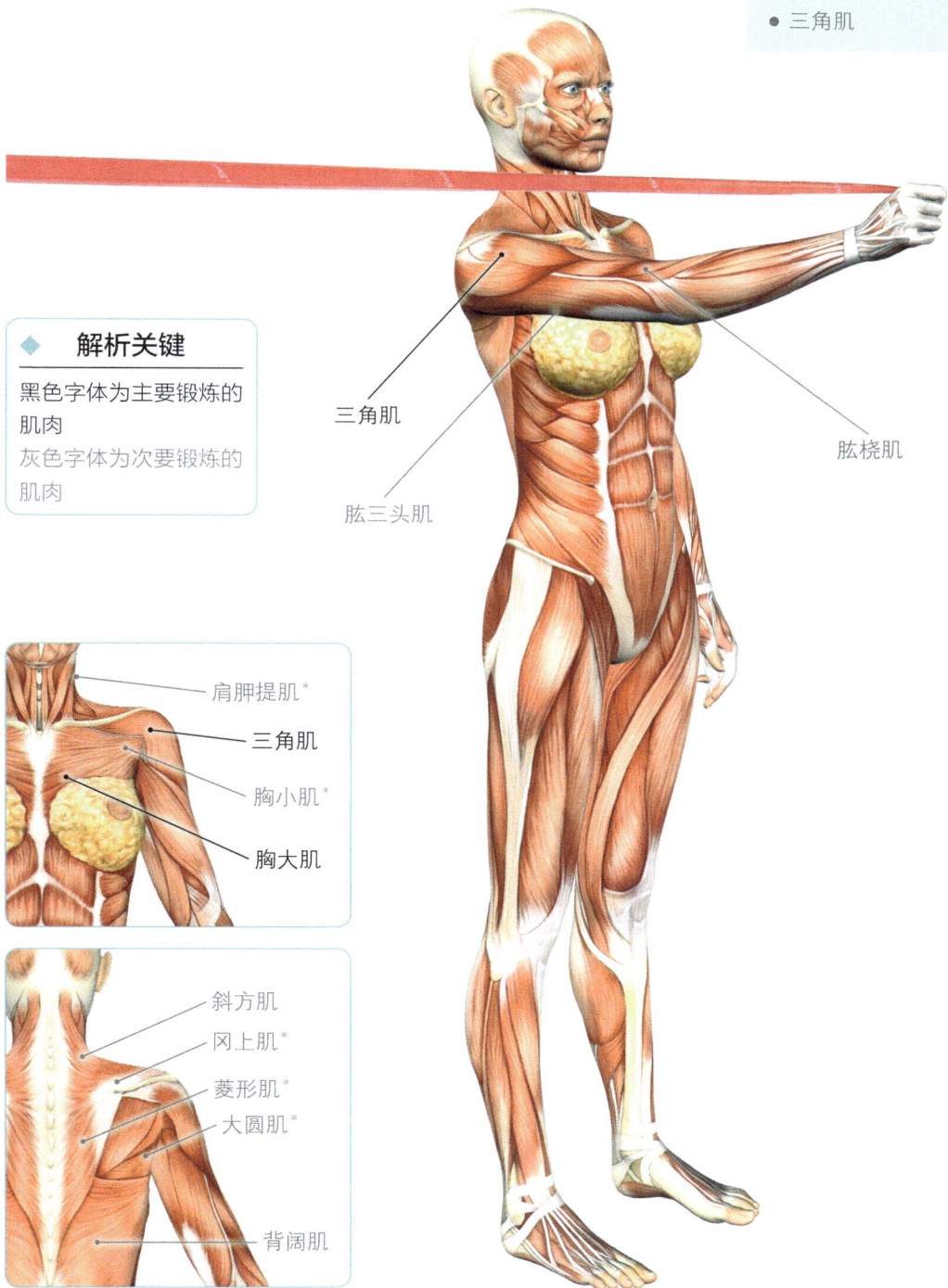

三角肌

肱三头肌

肱桡肌

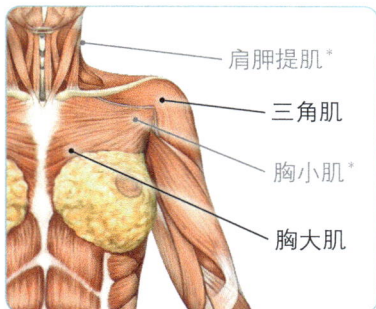

肩胛提肌*

三角肌

胸小肌*

胸大肌

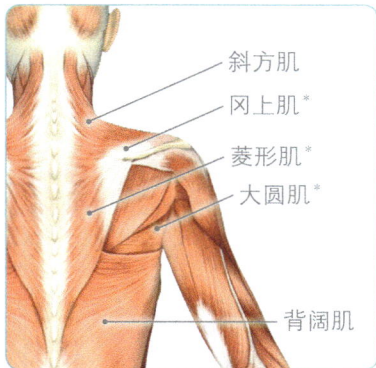

斜方肌

冈上肌*

菱形肌*

大圆肌*

背阔肌

双臂俯身后拉

❶ 躯干挺直，双腿屈膝至大腿与地面大约成45度。躯干前倾至髋关节弯曲约90度。双臂前伸至尽可能与地面平行，双手分别握紧弹力带两端，并将弹力带中间位置固定于前方等高物体上，保持弹力带绷直。

❷ 保持身体姿势不变，双臂伸直，并向后、向下拉伸弹力带至膝盖两侧。

- **避免**
  双臂屈肘
  背部弓起

- **正确做法**
  背部挺直自然收紧
  核心收紧，平视前方

❸ 继续后拉弹力带至臀部后方。恢复准备姿势，完成规定的次数。

锻炼目标
- 肩部
- 背部
- 胸部

锻炼器械
- 弹力带

级别
- 初级

呼吸提示
- 后拉时呼气，恢复时吸气

注意 ⚠️
- 若背部存在不适，则不建议进行此项训练

变式练习

跪于垫子上，双膝间距
与肩同宽。双手握紧弹
力带两端，并将弹力带
中间位置固定于上方物
体上。躯干挺直，双臂
下拉弹力带。

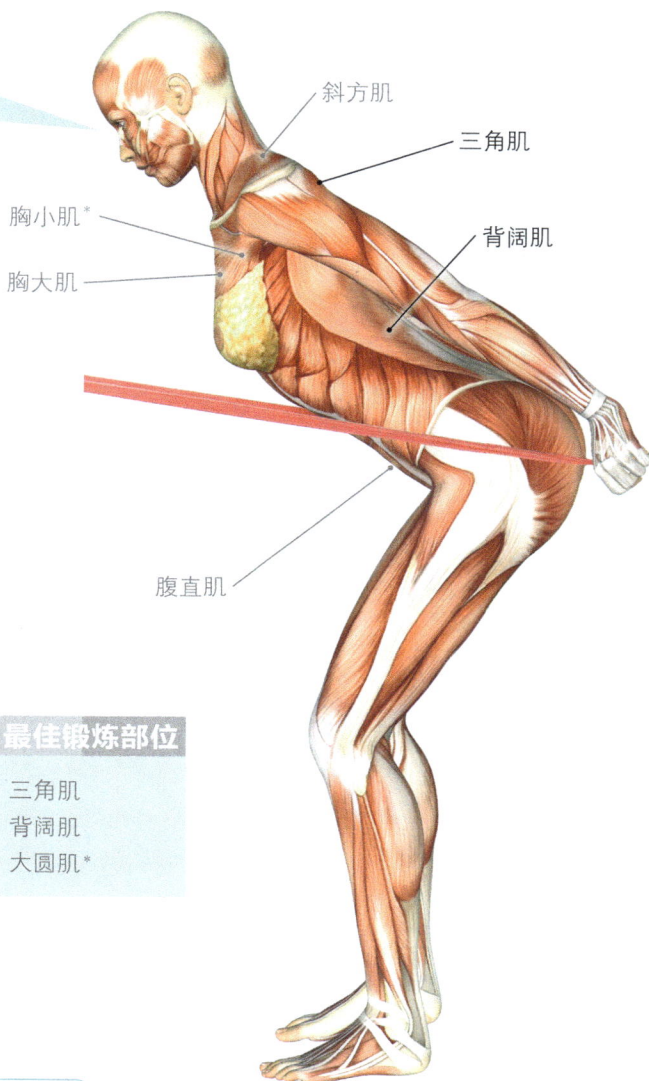

斜方肌

三角肌

背阔肌

胸小肌*

胸大肌

腹直肌

◆ 解析关键

黑色字体为主要锻炼的
肌肉
灰色字体为次要锻炼的
肌肉

最佳锻炼部位

- 三角肌
- 背阔肌
- 大圆肌*

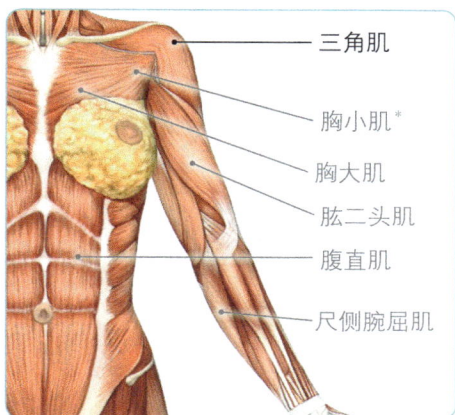

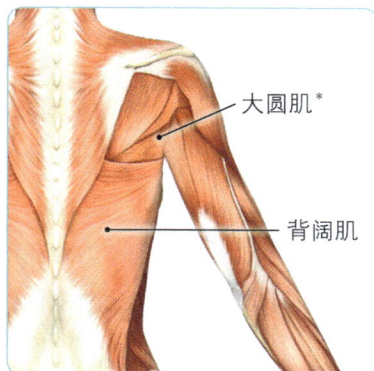

三角肌

胸小肌*

胸大肌

肱二头肌

腹直肌

尺侧腕屈肌

大圆肌*

背阔肌

挺身练习

① 坐在训练椅上，双腿屈膝约90度，双脚撑地。双臂弯举，双手分别握紧弹力带两端，并使弹力带绕过臀部下方在胸前交叉。躯干下俯，双手接触膝关节，保持弹力带绷直。

● **避免**

弯腰弓背

● **正确做法**

躯干挺直，核心收紧
手臂姿势保持不变

锻炼目标

● 背部

锻炼器械

● 弹力带、训练椅

级别

● 初级

呼吸提示

● 挺身时呼气，恢复时吸气

注意 ⚠

● 若下背部存在不适，则不建议进行此项训练

② 保持手臂姿势不变，躯干向上挺起，呈直立状态。恢复准备姿势，完成规定的次数或时间。

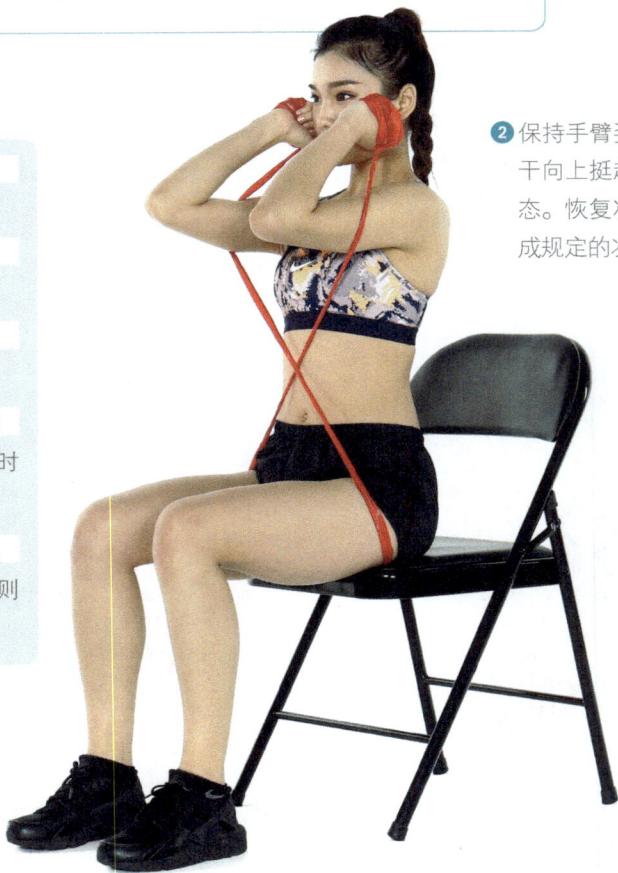

114

最佳锻炼部位

● 竖脊肌 *

◆ 解析关键

黑色字体为主要锻炼的肌肉
灰色字体为次要锻炼的肌肉

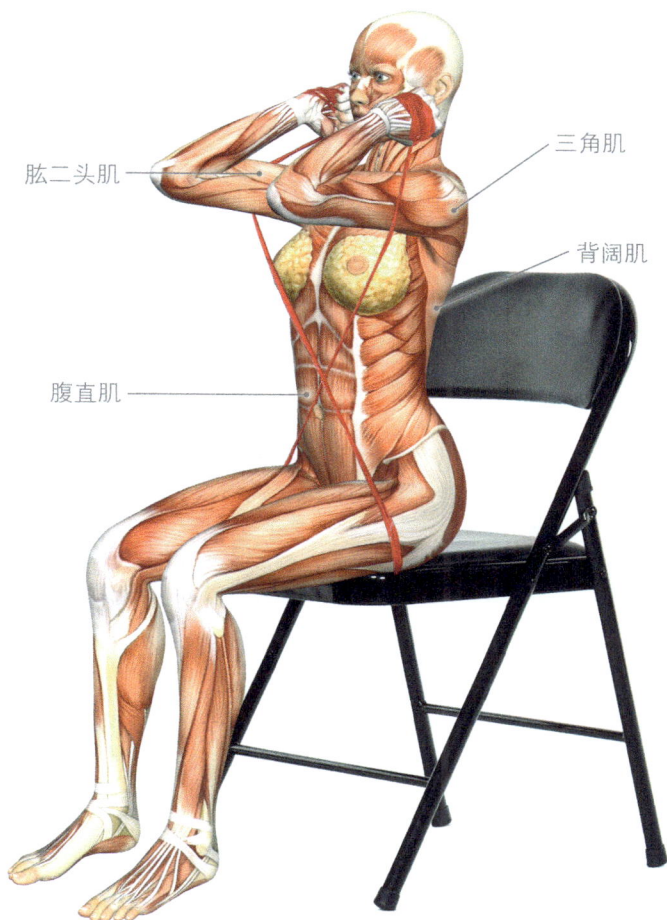

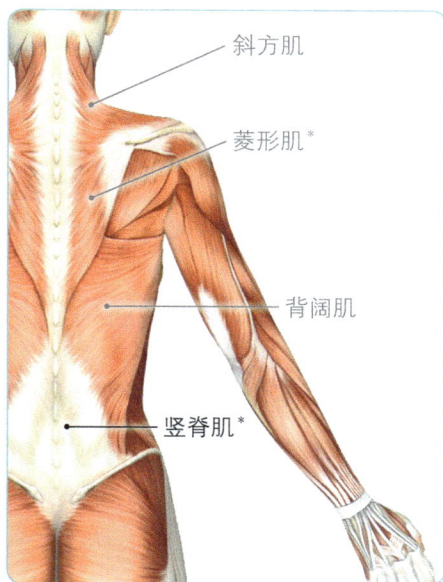

肱二头肌

三角肌

背阔肌

腹直肌

斜方肌

菱形肌 *

背阔肌

竖脊肌 *

☼ 小提示

动作过程中，有意识地收紧背部肌肉，使背部肌肉得到充分刺激。

直腿后拉

① 坐于垫上，躯干挺直，双腿伸直，双臂向前弯曲至小臂尽可能与地面平行，双手分别紧握弹力带两端，使弹力带从双脚底部绕过，并带有一定张力。

锻炼目标
- 背部
- 肩部

锻炼器械
- 弹力带

级别
- 初级

呼吸提示
- 后拉时呼气，恢复时吸气

注意 ⚠
- 若膝盖存在不适，则不建议进行此项训练

- **避免**

  双腿屈膝
  弯腰弓背
  肩部上耸

- **正确做法**

  核心收紧，躯干保持稳定
  背部挺直，目视前方

② 保持身体姿势不变，双臂后拉弹力带至双手位于腰部位置。恢复准备姿势，完成规定的次数。

解析关键

黑色字体为主要锻炼的肌肉

灰色字体为次要锻炼的肌肉

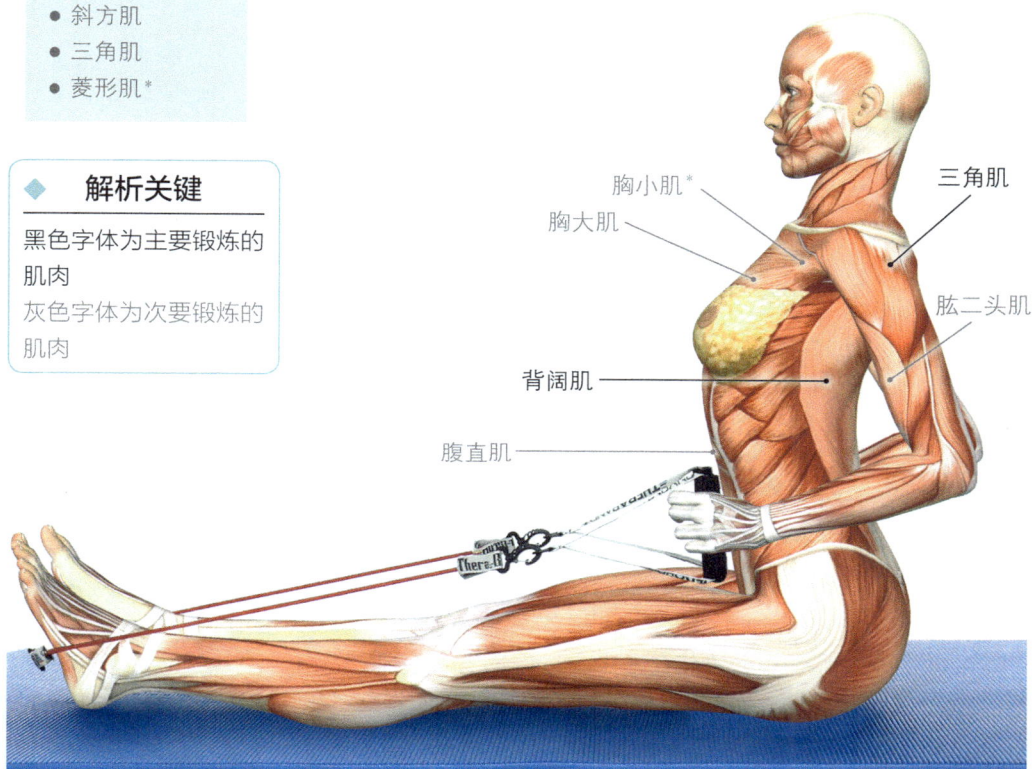

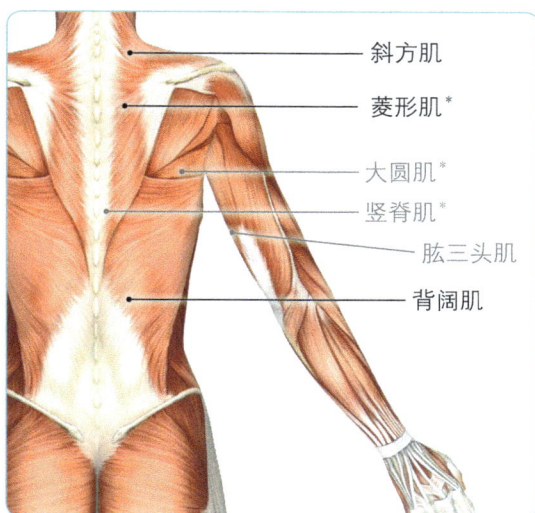

胸小肌*

胸大肌

三角肌

肱二头肌

背阔肌

腹直肌

斜方肌

菱形肌*

大圆肌*

竖脊肌*

肱三头肌

背阔肌

小提示

动作过程中，配合呼吸进行训练，避免出现屏住呼吸的情况。

06

CHAPTER SIX

第6章
核心训练

稳定上提

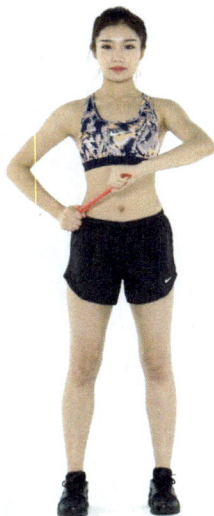

❶ 身体呈站姿，双脚开立与肩同宽。双手分别握紧弹力带两端，一侧手位于腰部位置，另一侧手位于腹部上方位置，保持弹力带绷直。

❷ 保持身体姿势不变，上方手臂向斜上方拉伸弹力带。

● **避免**

身体晃动
肩部上耸

❸ 继续拉伸弹力带至手臂完全伸展。恢复准备姿势，完成规定的次数。对侧亦然。

锻炼目标

- 肩部
- 背部
- 手臂
- 核心

锻炼器械

- 弹力带

级别

- 初级

呼吸提示

- 全程均匀呼吸

注意 ⚠

- 若肩部存在不适，则不建议进行此项训练

● **正确做法**

保持面向正前方
保持身体稳定，核心收紧

肱二头肌

三角肌

肱三头肌

胸大肌

腹直肌

腹外斜肌

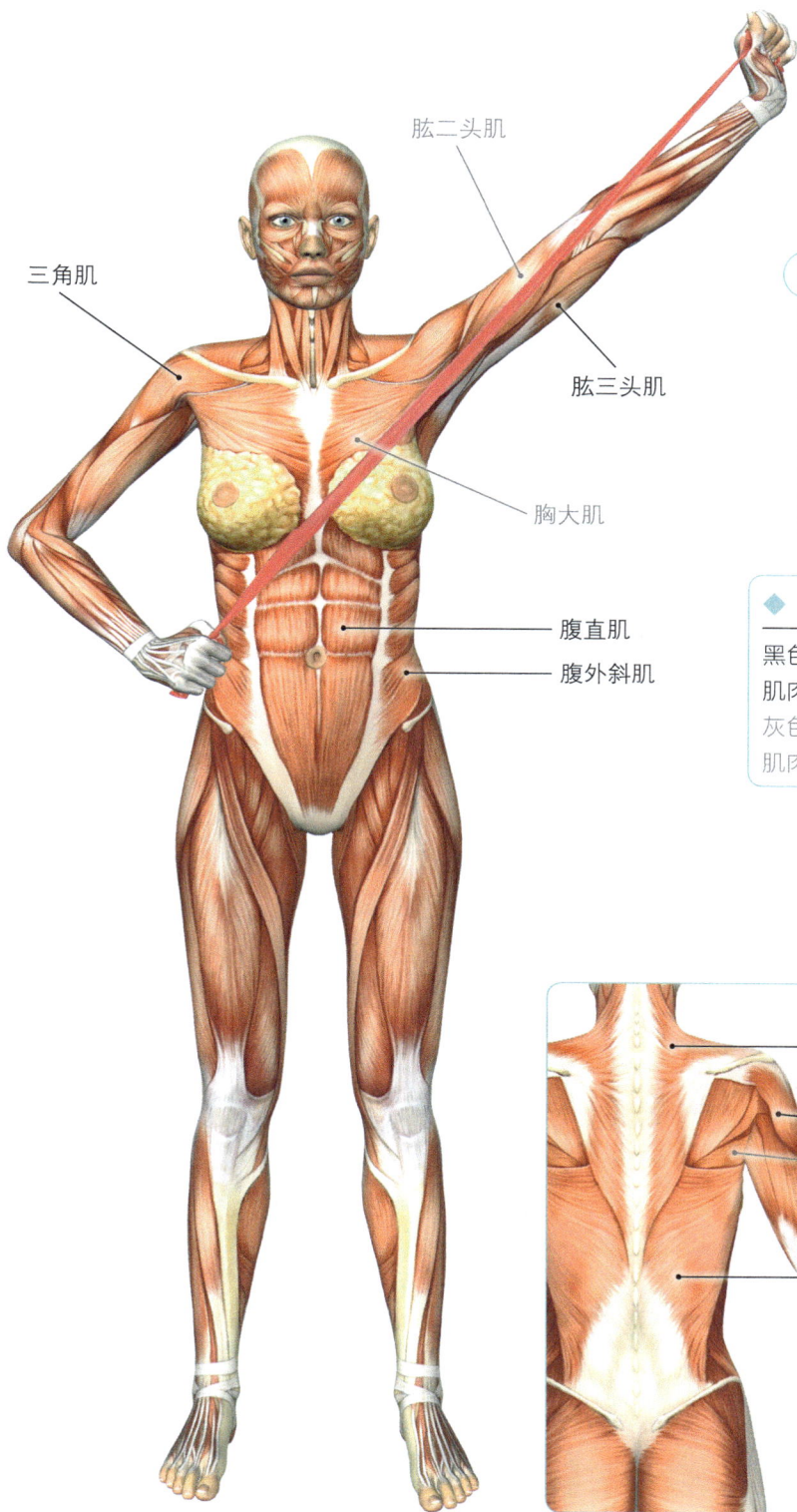

最佳锻炼部位

- 三角肌
- 斜方肌
- 肱三头肌
- 腹直肌
- 腹外斜肌
- 背阔肌

◆ **解析关键**

黑色字体为主要锻炼的肌肉

灰色字体为次要锻炼的肌肉

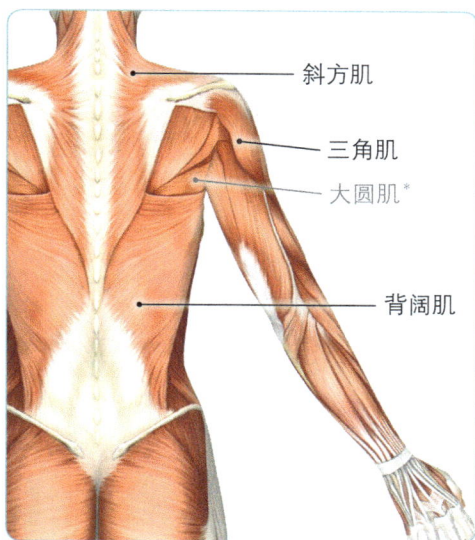

第6章

核心训练

斜方肌

三角肌

大圆肌*

背阔肌

稳定下砍

❶ 身体呈站姿，双脚开立与肩同宽。双手分别握紧弹力带两端，一侧手臂向侧面斜上方完全伸展，另一侧手臂向上弯曲至手部到达与对侧头部水平的位置，保持弹力带绷直。

❷ 保持身体姿势不变，下方手臂向斜下方拉伸弹力带。

● **避免**

上方手臂晃动
肩部上耸

● **正确做法**

上方手臂保持固定角度不变
核心收紧

❸ 继续下拉弹力带至手部位于髋关节位置。恢复准备姿势，完成规定的次数，对侧亦然。

锻炼目标
● 肩部
● 背部
● 手臂
● 核心

锻炼器械
● 弹力带

级别
● 初级

呼吸提示
● 全程均匀呼吸

注意 ⚠
● 若肩部存在不适，则不建议进行此项训练

◆ **解析关键**

黑色字体为主要锻炼的
肌肉

灰色字体为次要锻炼的
肌肉

最佳锻炼部位

- 三角肌
- 斜方肌
- 肱三头肌
- 腹直肌
- 腹外斜肌
- 背阔肌

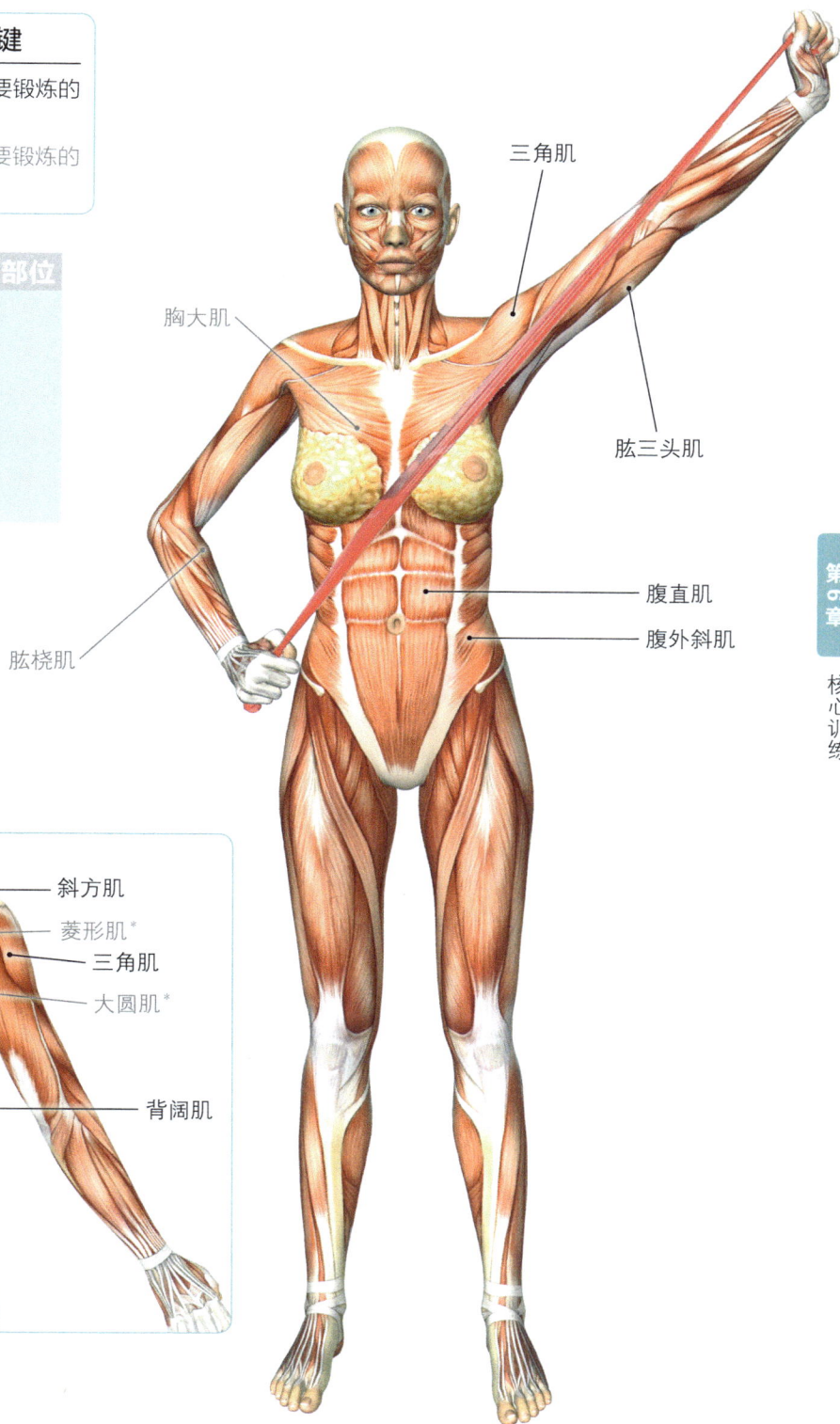

三角肌

胸大肌

肱三头肌

腹直肌

腹外斜肌

肱桡肌

斜方肌

菱形肌*

三角肌

大圆肌*

背阔肌

躯干侧屈

① 身体呈站姿，双脚开立与肩同宽。一侧脚踩住弹力带一端，同侧手握紧弹力带另一端。双臂自然伸直，躯干略微侧倾。

② 保持双臂伸直，上身向弹力带对侧弯曲。

- **避免**

  身体前倾成后倾

- **正确做法**

  双腿伸直，核心收紧

锻炼目标
- 核心

锻炼器械
- 弹力带

级别
- 初级

呼吸提示
- 全程均匀呼吸

注意 ⚠️
- 若腰背部存在不适，则不建议进行此项训练

③ 上身侧屈至最大限度，恢复准备姿势，完成规定的次数或时间对侧亦然。

黑色字体为主要锻炼的
肌肉

灰色字体为次要锻炼的
肌肉

- 腹内斜肌*
- 腹外斜肌
- 腹横肌*

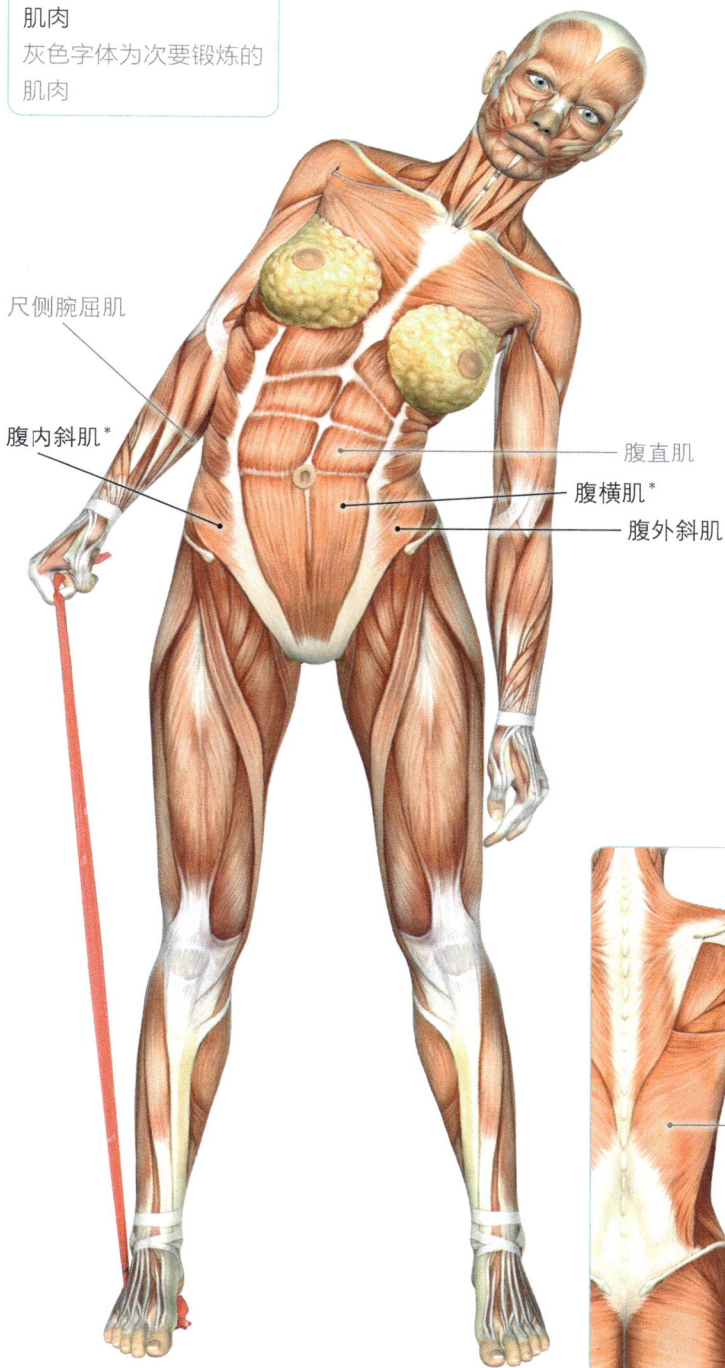

尺侧腕屈肌

腹内斜肌*

腹直肌

腹横肌*

腹外斜肌

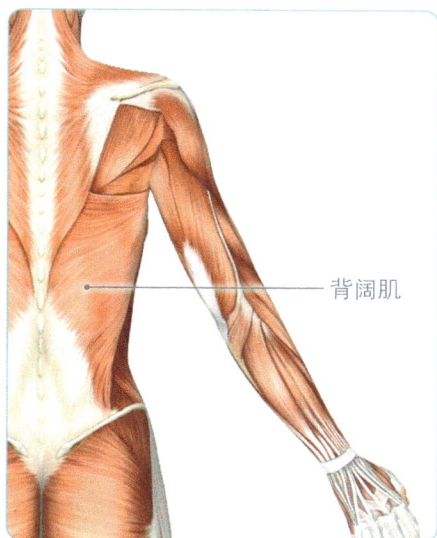

背阔肌

第6章

核心训练

躯干旋转

❶ 身体呈站姿，双脚开立与肩同宽。双手交叉握紧弹力带一端，将弹力带另一端固定在与体侧等高物体上，保持弹力带绷直。

❷ 保持双臂伸直，躯干向弹力带对侧旋转，手臂随之拉动弹力带。

● **避免**

双腿移动位置
双臂上下晃动

● **正确做法**

双臂伸直，躯干旋转
核心收紧

锻炼目标

● 核心

锻炼器械

● 弹力带

级别

● 初级

呼吸提示

● 旋转时呼气，恢复时吸气

注意 ⚠️

● 若腰背部存在不适，则不建议进行此项训练

❸ 躯干向弹力带对侧旋转约90度，手臂随之旋转。恢复准备姿势，完成规定的次数或时间，对侧亦然。

- 腹内斜肌*
- 腹外斜肌
- 腹横肌*

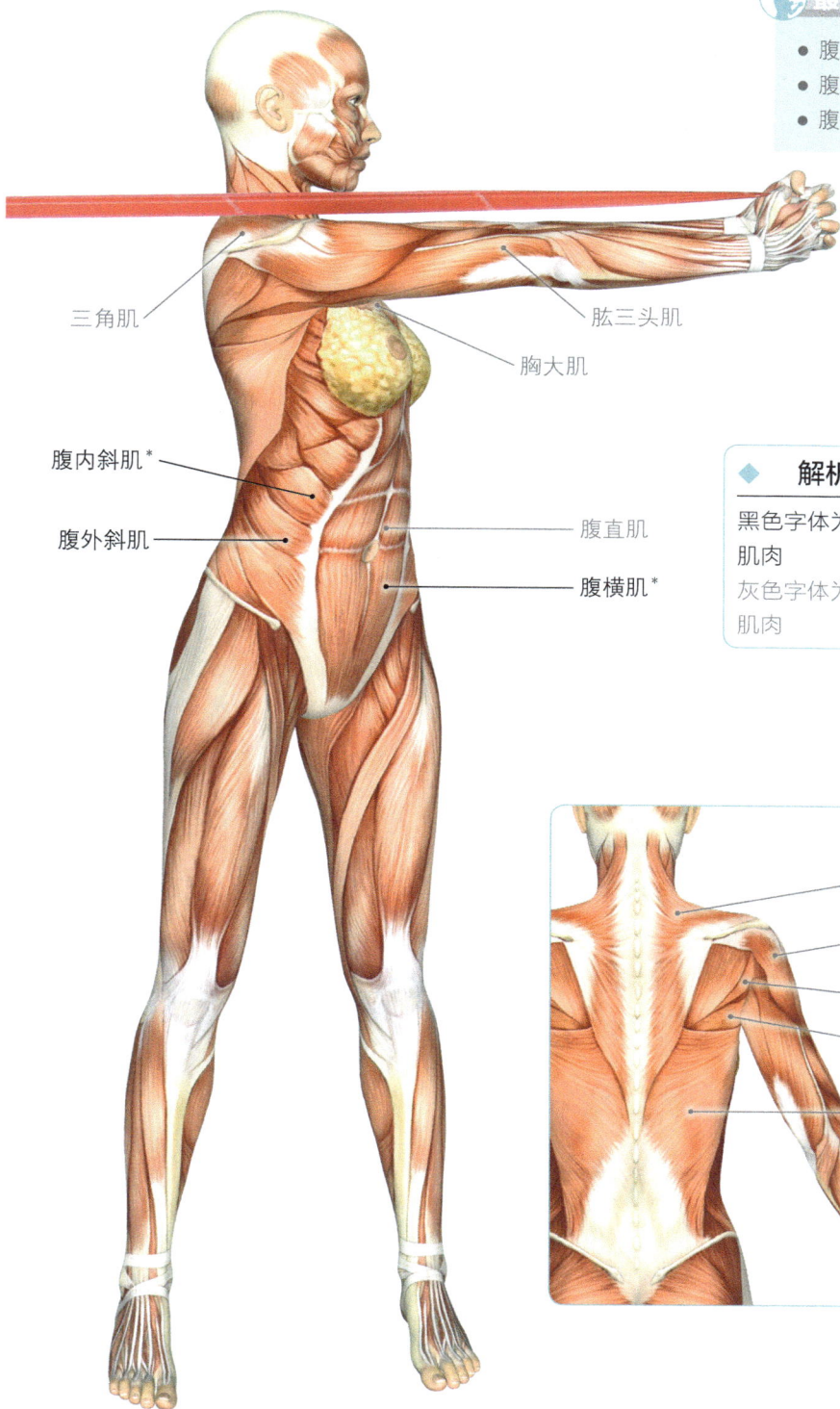

三角肌

肱三头肌

胸大肌

腹内斜肌*

腹外斜肌

腹直肌

腹横肌*

◆ 解析关键

黑色字体为主要锻炼的
肌肉
灰色字体为次要锻炼的
肌肉

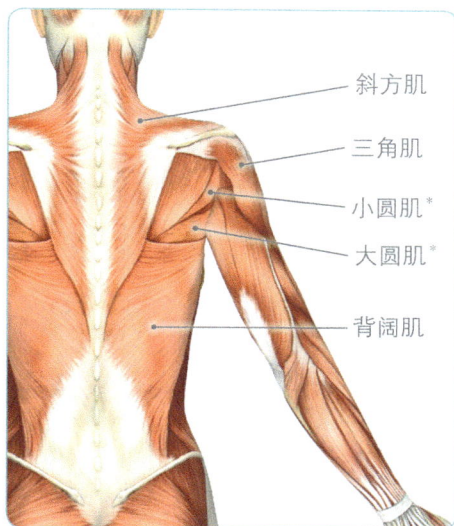

斜方肌

三角肌

小圆肌*

大圆肌*

背阔肌

第6章

核心训练

躯干侧屈 - 过顶

锻炼目标
- 核心

锻炼器械
- 弹力带

级别
- 初级

呼吸提示
- 全程均匀呼吸

注意 ⚠️
- 若腰背部存在不适，则不建议进行此项训练

❶ 身体呈站姿，双手握紧弹力带两端，双臂向上方伸展，保持弹力带绷直。

❷ 保持身体姿势不变，躯干向右侧弯曲至最大限度。

❸ 恢复准备姿势。

- **避免**
  双臂上举时，身体后倾

- **正确做法**
  保持核心收紧

❺ 恢复准备姿势，完成规定的次数。

❹ 躯干向左侧弯曲至最大限度。

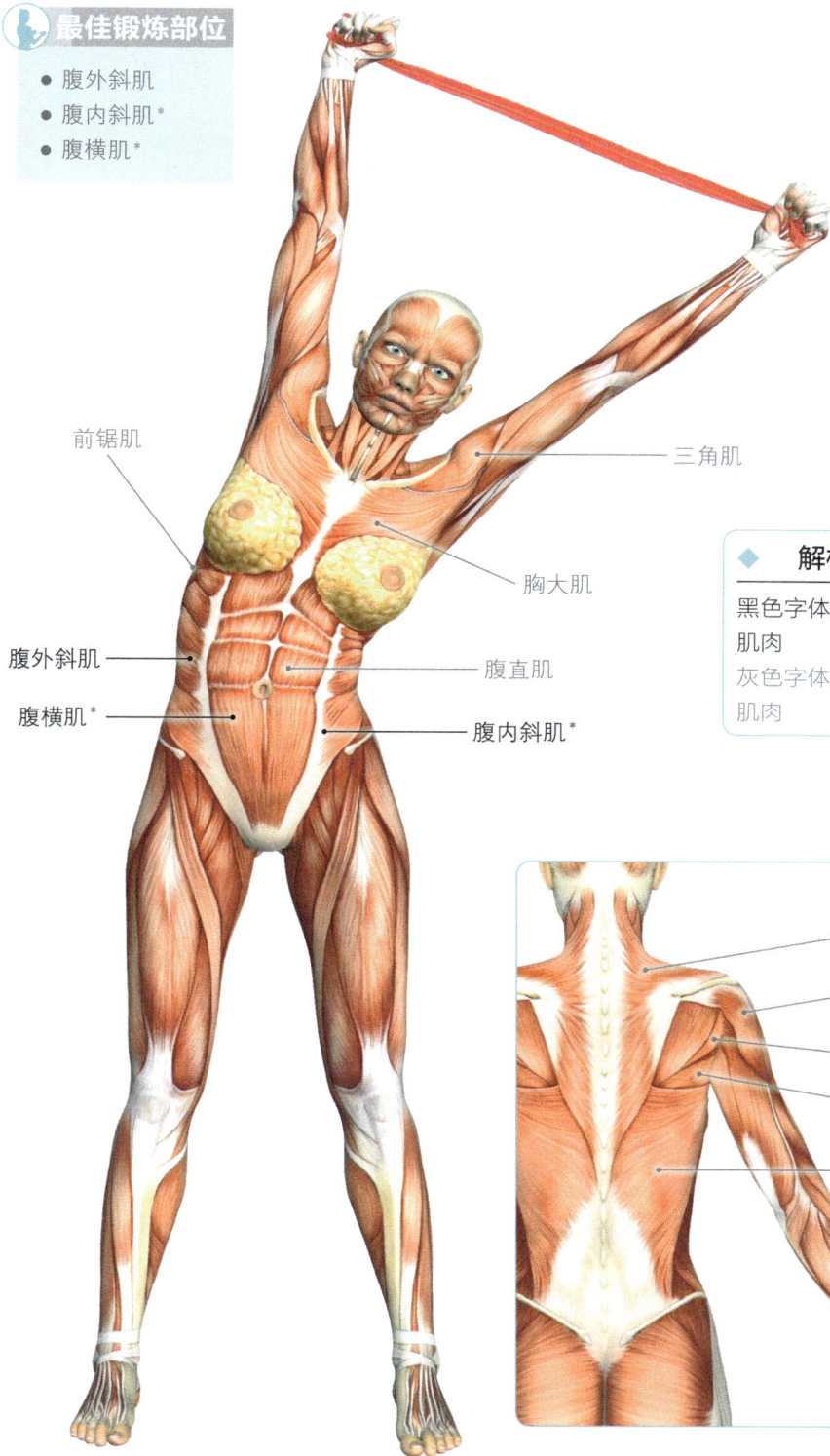

最佳锻炼部位

- 腹外斜肌
- 腹内斜肌*
- 腹横肌*

前锯肌

三角肌

胸大肌

◆ 解析关键

黑色字体为主要锻炼的肌肉

灰色字体为次要锻炼的肌肉

腹外斜肌

腹直肌

腹横肌*

腹内斜肌*

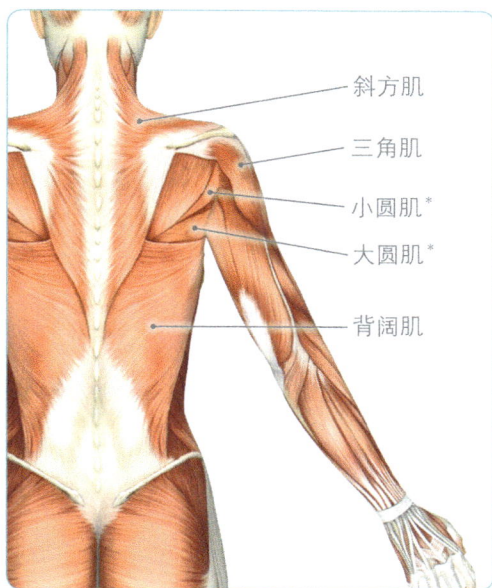

斜方肌

三角肌

小圆肌*

大圆肌*

背阔肌

脚踩弹力带旋转上提

① 身体呈站姿，双脚开立，与肩同宽。右脚踩住弹力带中间位置。同时双手交叉握紧弹力带两端，躯干向弹力带侧扭转。

② 保持双臂伸展，上身扭转至直立姿势，目视前方，双臂随之拉伸弹力带至胸前。

锻炼目标

● 核心

锻炼器械

● 弹力带

级别

● 中级

呼吸提示

● 旋转上提时呼气，恢复时吸气

注意 ⚠️

● 若下背部或肩部存在不适，则不建议进行此项训练

● 避免

双臂上举过高
肩部上耸

● 正确做法

双臂保持伸直
直视手部
核心收紧

③ 上身继续扭转，双臂随之向斜上方拉伸弹力带。恢复准备姿势，完成规定的次数或时间。对侧亦然。

胸小肌 *

前锯肌

腹直肌

三角肌

背阔肌

胸大肌

腹直肌

腹外斜肌

腹内斜肌 *

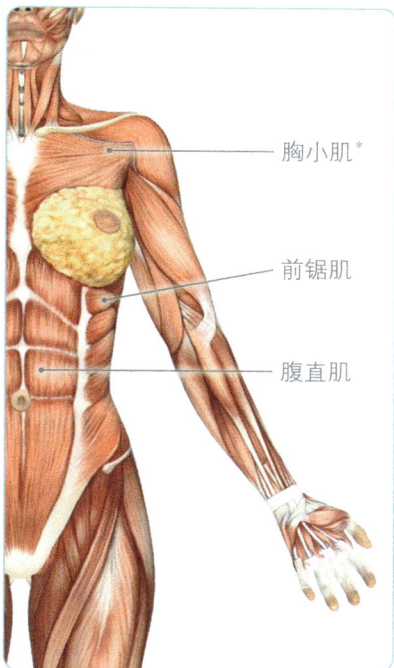

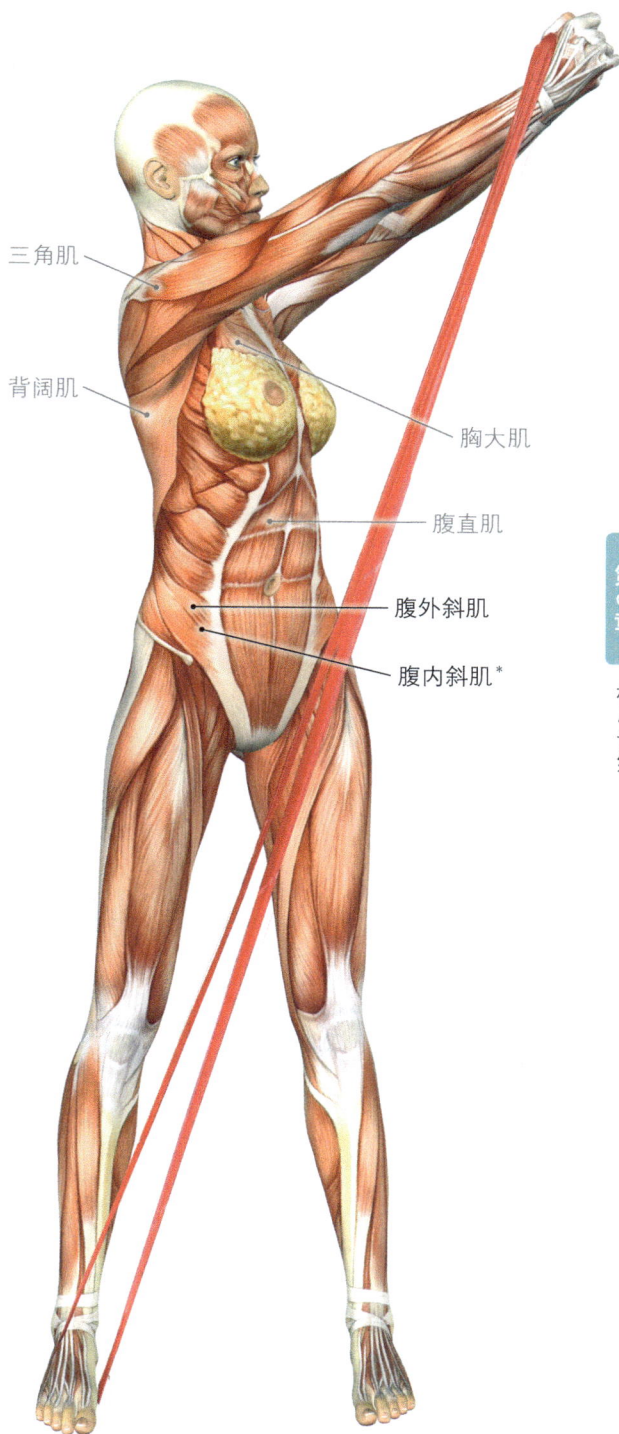

最佳锻炼部位

- 腹外斜肌
- 腹内斜肌 *

◆ **解析关键**

黑色字体为主要锻炼的
肌肉
灰色字体为次要锻炼的
肌肉

旋转上提

① 身体呈站姿，双脚开立略比肩宽。躯干扭转至弹力带侧，双臂向侧面斜下方伸展，双手交叉握紧弹力带一端，将弹力带另一端固定在体侧下方的其他物体上，保持弹力带绷直。

② 转动躯干至直立姿势，双臂随之向上弯曲并拉伸弹力带至胸前。

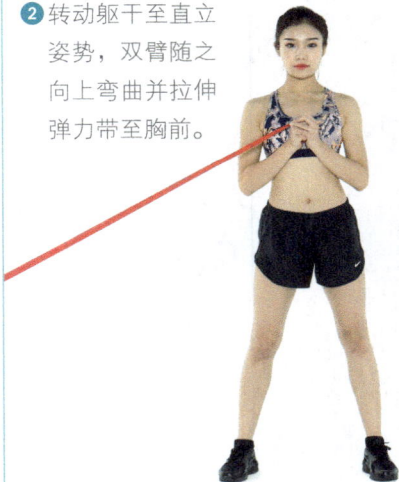

- **避免**

肩部上耸
双脚移动位置

- **正确做法**

双臂伸直
核心收紧

③ 身体继续向对侧扭转，双臂也随之向侧面斜上方拉伸弹力带至双臂完全伸展。恢复准备姿势，完成规定的次数，对侧亦然。

锻炼目标

- 肩部
- 核心
- 背部

锻炼器械

- 弹力带

级别

- 中级

呼吸提示

- 旋转上提时呼气，恢复时吸气

注意 ⚠️

- 若下背部或肩部存在不适，则不建议进行此项训练

肱三头肌

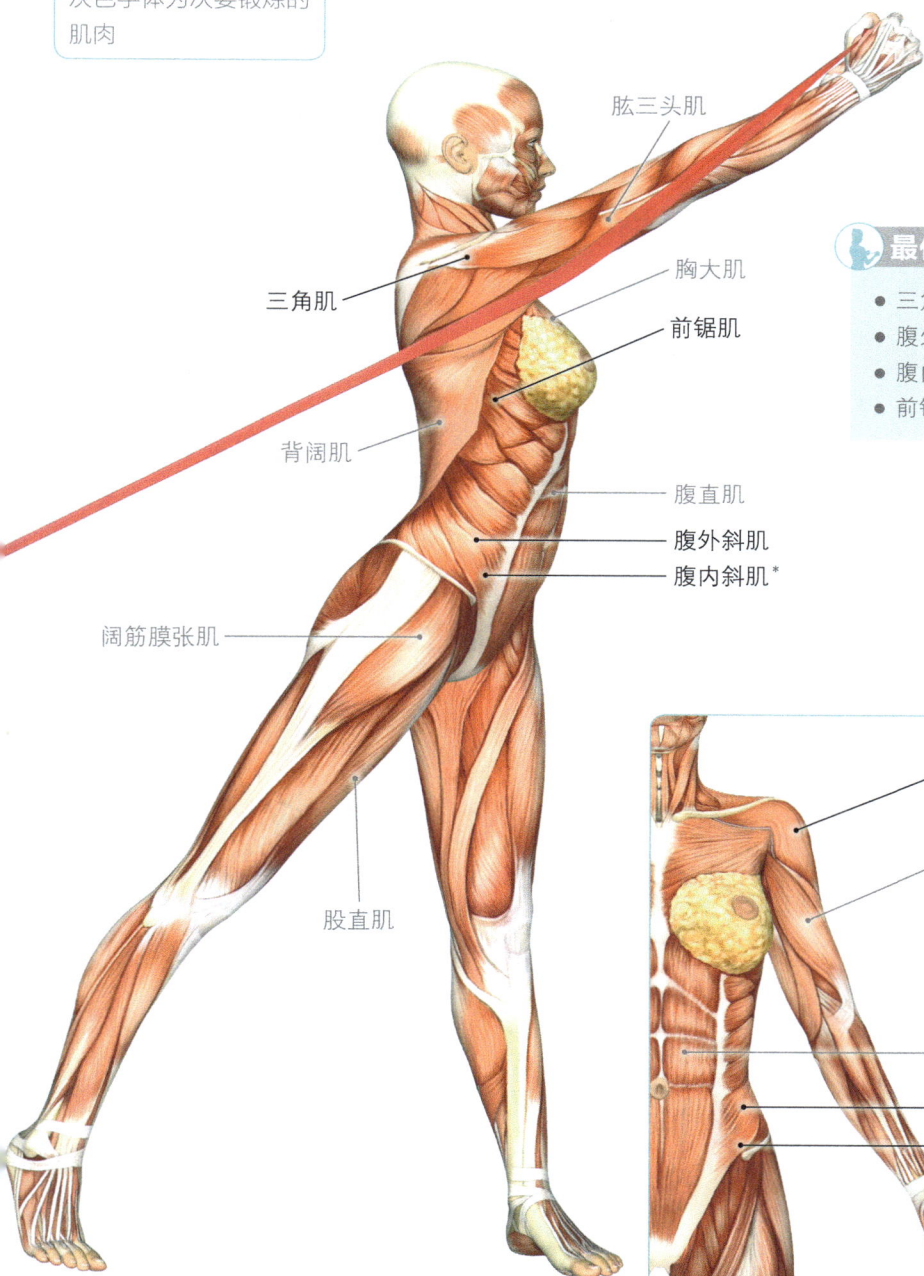

最佳锻炼部位

- 三角肌
- 腹外斜肌
- 腹内斜肌*
- 前锯肌

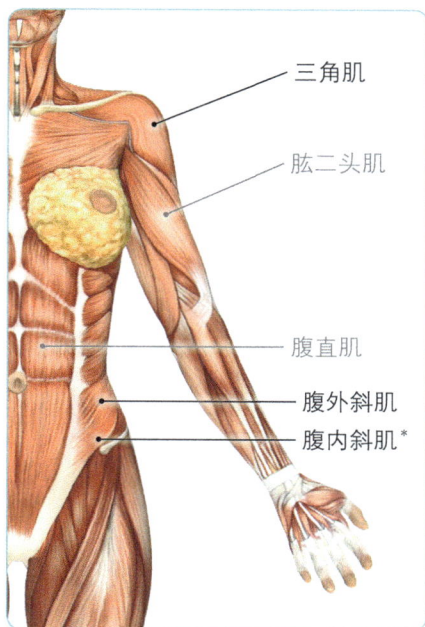

三角肌

胸大肌

前锯肌

背阔肌

腹直肌

腹外斜肌

腹内斜肌*

阔筋膜张肌

股直肌

三角肌

肱二头肌

腹直肌

腹外斜肌

腹内斜肌*

第6章

核心训练

| 133

旋转下砍

① 身体呈站姿，双脚开立略比肩宽。躯干扭转至弹力带侧，双臂向侧面斜上方伸展，双手交叉紧握弹力带一端，将弹力带另一端固定在体侧上方物体上，保持弹力带绷直。

② 保持双臂伸展，转动躯干至直立姿势，双臂随之向下拉伸弹力带至头部前方。

锻炼目标
● 核心

锻炼器械
● 弹力带

级别
● 中级

呼吸提示
● 旋转下砍时呼气，恢复时吸气

注意 ⚠
● 若下背部或肩部存在不适，则不建议进行此项训练

● 避免
双肩上耸
身体后仰

● 正确做法
双臂保持伸直
背部挺直
核心收紧

③ 继续转动，双臂也随之向侧面斜下方拉伸弹力带。恢复准备姿势，完成规定的次数或时间，对侧亦然。

- 腹外斜肌
- 腹内斜肌*

◆ **解析关键**

黑色字体为主要锻炼的
肌肉
灰色字体为次要锻炼的
肌肉

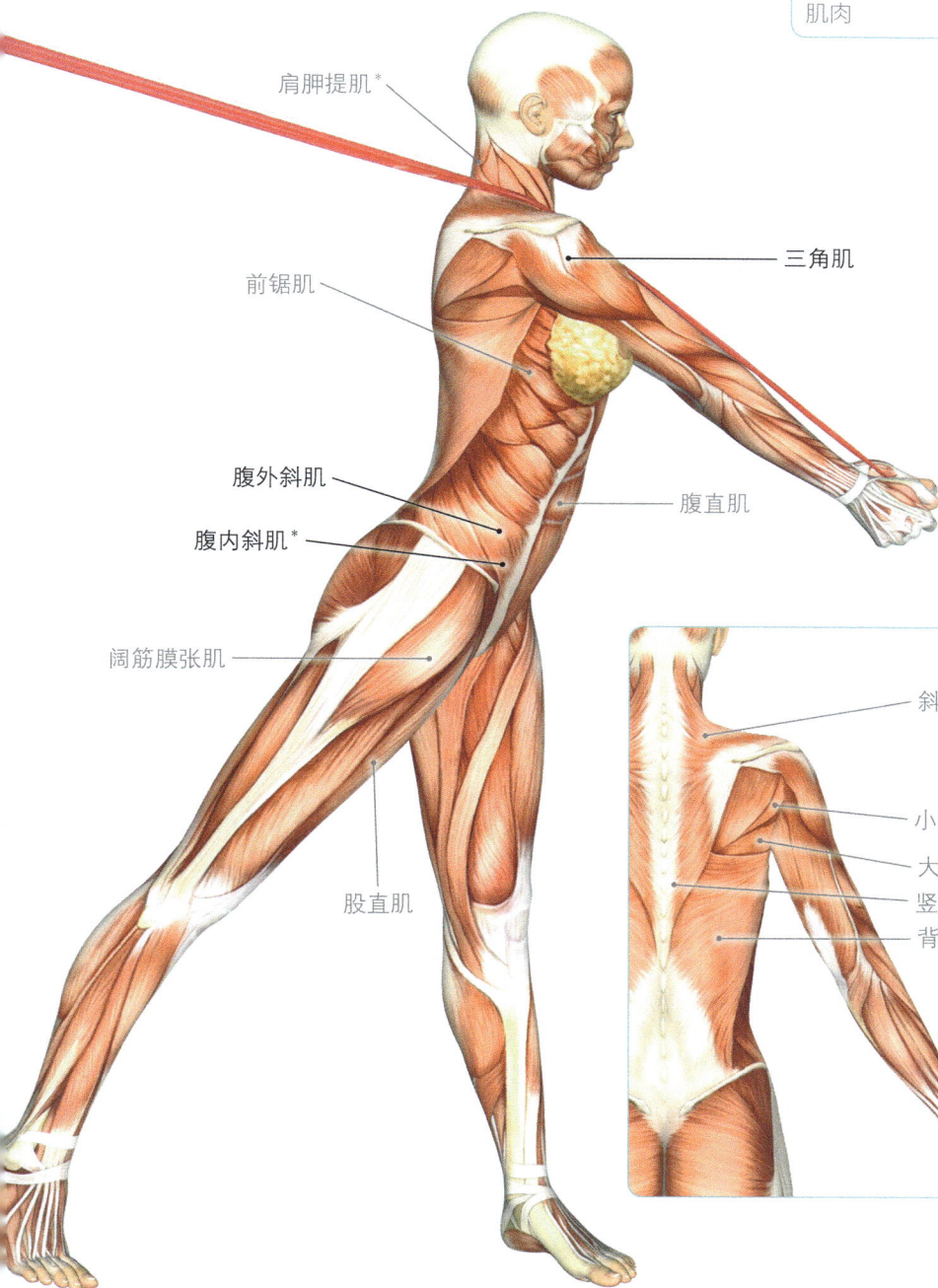

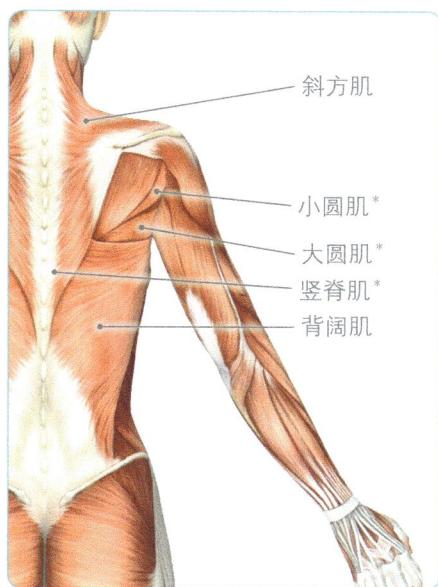

肩胛提肌*

三角肌

前锯肌

腹外斜肌

腹内斜肌*

腹直肌

阔筋膜张肌

第6章

核心训练

斜方肌

小圆肌*

大圆肌*

竖脊肌*

背阔肌

股直肌

坐姿卷腹

① 坐于训练椅上，双腿屈膝约90度，双脚撑地。双臂向上弯曲，双手分别紧握弹力带两端，置于胸前，使弹力带从训练椅背后侧绕过，保持弹力带绷直。

- **避免**

臀部移动位置
双臂向两侧打开

- **正确做法**

双臂姿势保持不变
核心收紧

② 保持手臂姿势不变，躯干向下弯曲呈卷腹姿势，肘关节与大腿接触且下巴接近手部。恢复准备姿势，完成规定的次数。

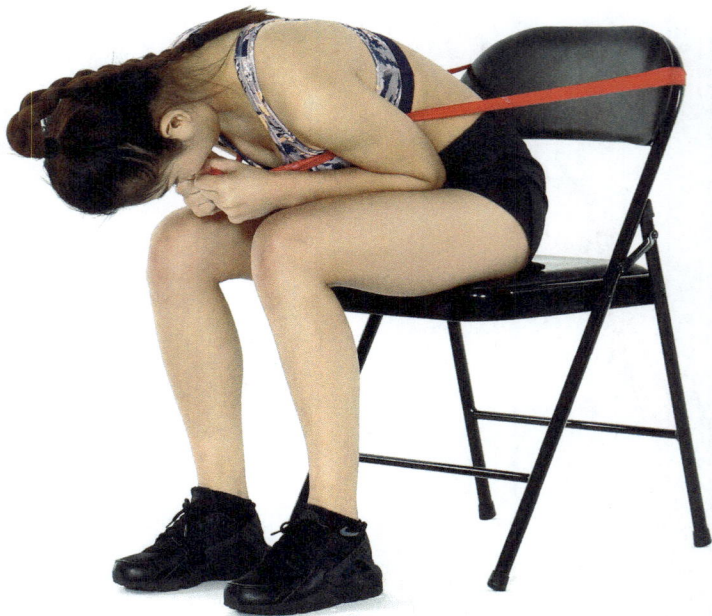

锻炼目标
- 核心

锻炼器械
- 弹力带、训练椅

级别
- 初级

呼吸提示
- 身体弯曲时呼气，恢复时吸气

注意 ⚠
- 若下背部存在不适，则不建议进行此项训练

斜方肌

背阔肌

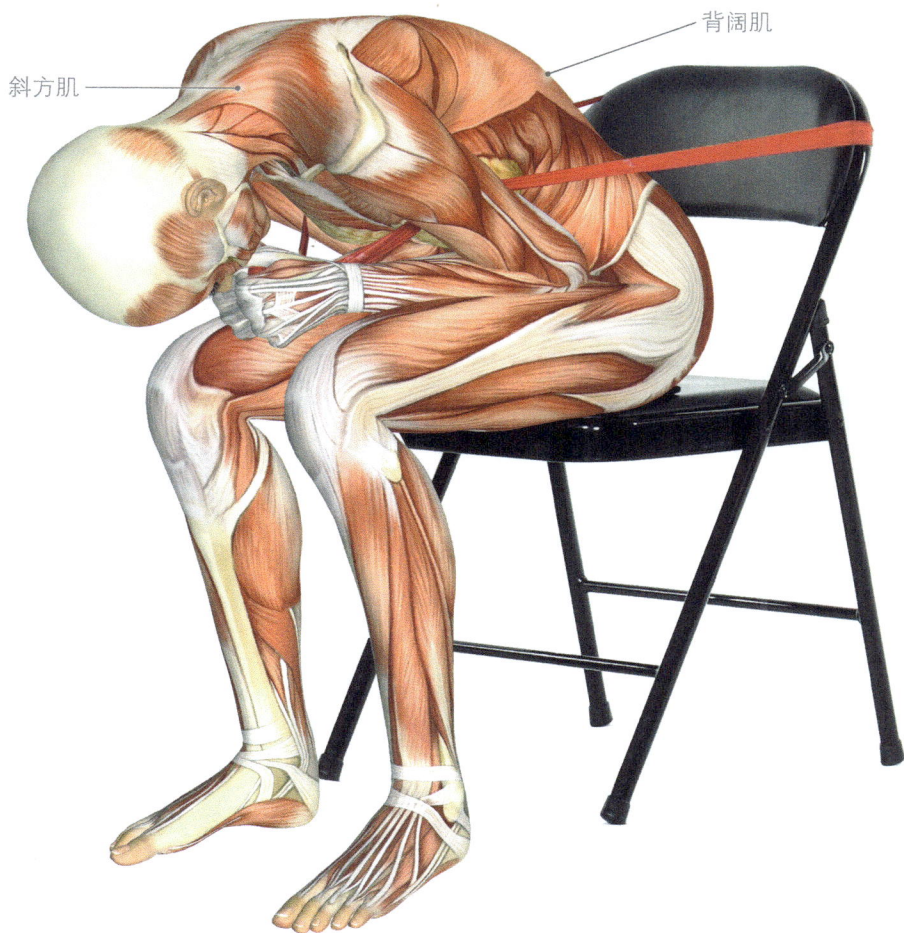

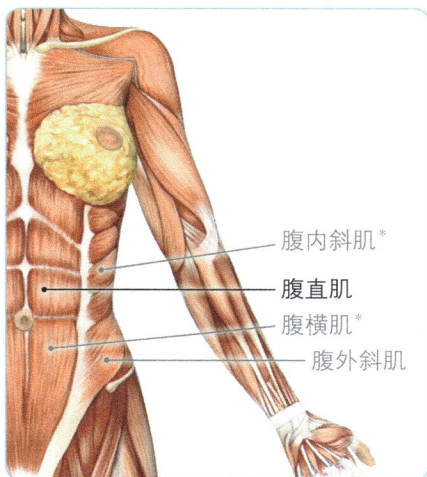

最佳锻炼部位

- 腹直肌

◆ 解析关键

黑色字体为主要锻炼的肌肉

灰色字体为次要锻炼的肌肉

腹内斜肌 *

腹直肌

腹横肌 *

腹外斜肌

半程卷腹

❶ 身体呈仰卧姿，双腿屈膝约90度，双脚撑地。双臂屈肘置于头部后侧，双手交叉紧握弹力带一端，将弹力带另一端固定于髋关节与垫子之间，保持弹力带绷直。

锻炼目标
- 核心

锻炼器械
- 弹力带

级别
- 初级

呼吸提示
- 卷腹时呼气，恢复时吸气

注意 ⚠
- 若背部或颈部存在不适，则不建议进行此项训练

● **避免**

颈部向上发力
臀部左右倾斜

❷ 保持身体稳定，躯干向上抬起呈半卷腹姿势，头部尽可能垂直于地面。

● **正确做法**

核心收紧

❸ 恢复准备姿势，完成规定的次数或时间。

最佳锻炼部位

● 腹直肌

◆ 解析关键

黑色字体为主要锻炼的肌肉

灰色字体为次要锻炼的肌肉

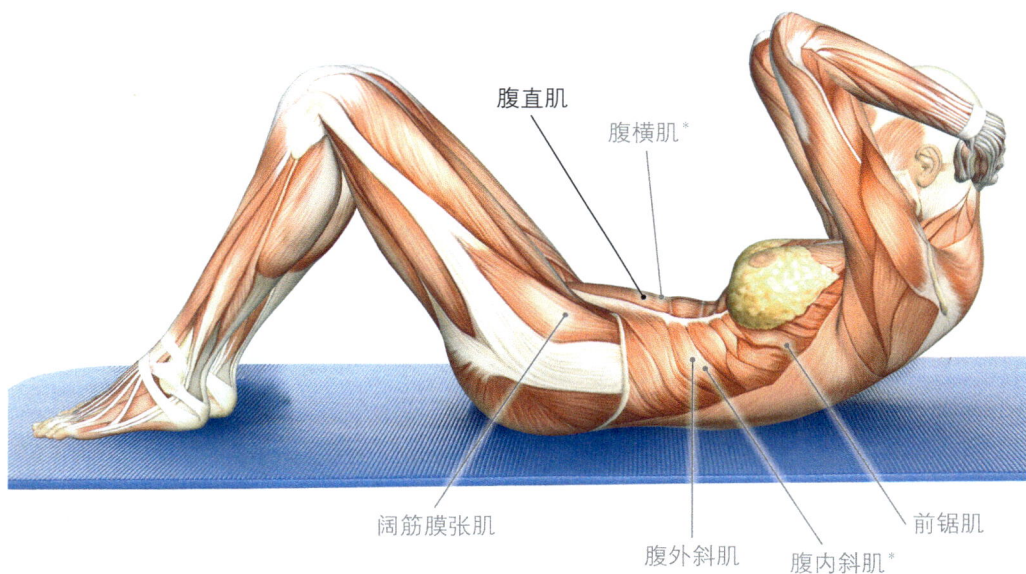

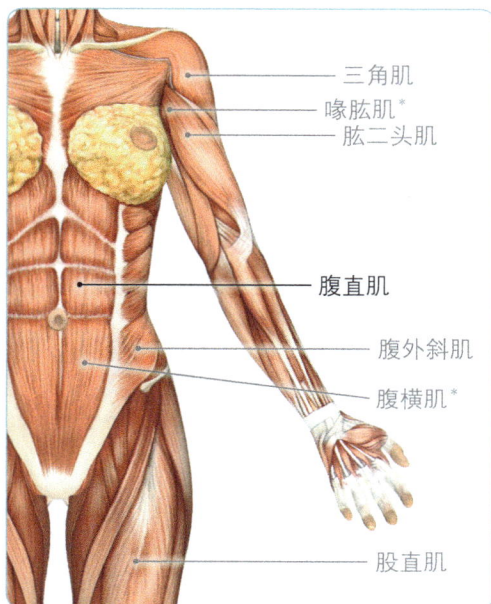

腹直肌

腹横肌*

阔筋膜张肌

腹外斜肌

腹内斜肌*

前锯肌

三角肌

喙肱肌*

肱二头肌

腹直肌

腹外斜肌

腹横肌*

股直肌

双腿臀桥

❶ 身体呈仰卧姿，双腿屈膝约90度，双脚撑地。双臂伸直置于身体两侧。双手分别握紧弹力带两端，使弹力带绕过髋关节，保持弹力带绷直。

• 避免

背部弓起

• 正确做法

躯干与大腿成一条直线
核心收紧

❷ 保持上身稳定，向上顶髋至躯干尽可能与大腿成一条直线。

锻炼目标

• 大腿
• 臀部
• 核心

锻炼器械

• 弹力带

级别

• 初级

呼吸提示 🌓

• 臀部上顶时呼气，恢复时吸气

注意 ⚠️

• 若腘绳肌或下背部存在不适，则不建议进行此项训练

❸ 恢复准备姿势，完成规定的次数或时间。

臀大肌

股外侧肌
半腱肌
股二头肌
半膜肌

腓肠肌

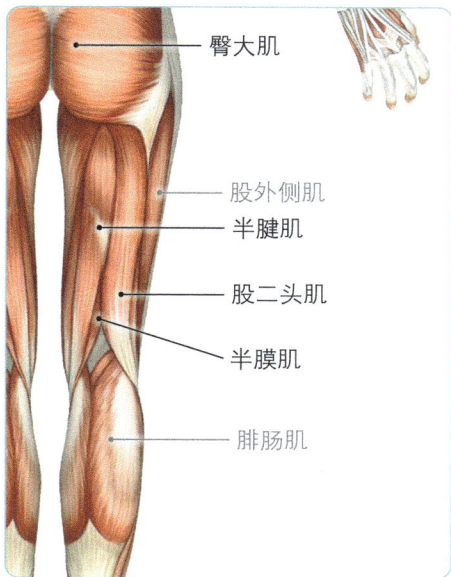

最佳锻炼部位

- 半腱肌
- 半膜肌
- 股二头肌
- 臀大肌
- 腹横肌*
- 腹外斜肌
- 腹直肌
- 腹内斜肌*

◆ 解析关键

黑色字体为主要锻炼的肌肉

灰色字体为次要锻炼的肌肉

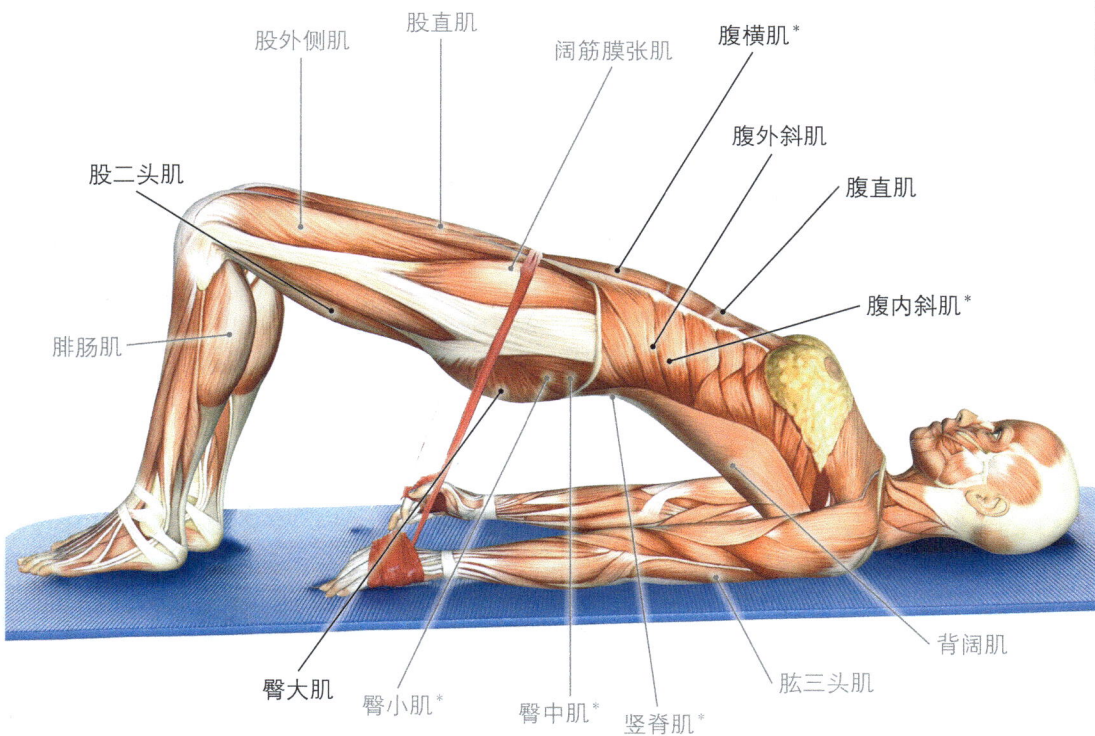

第6章

核心训练

股外侧肌　股直肌　阔筋膜张肌　腹横肌*

腹外斜肌

腹直肌

股二头肌

腹内斜肌*

腓肠肌

背阔肌

肱三头肌

臀大肌　臀小肌*　臀中肌*　竖脊肌*

俯卧撑

① 身体呈俯卧撑姿势，保持躯干和双腿大致尽可能呈一条直线，使弹力带绕过背部，双手紧压弹力带两端，撑于地面。

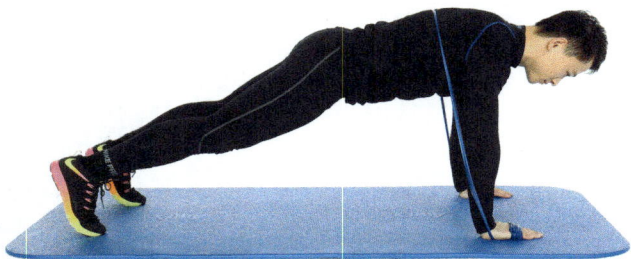

锻炼目标
- 胸部

锻炼器械
- 弹力带

级别
- 中级

呼吸提示
- 身体下降时吸气，上升时呼气

注意 ⚠
- 若肩部或下背部存在不适，则不建议进行此项训练

- **避免**
  耸肩
  膝关节弯曲

② 保持身体姿势不变，双臂屈肘做俯卧撑动作。

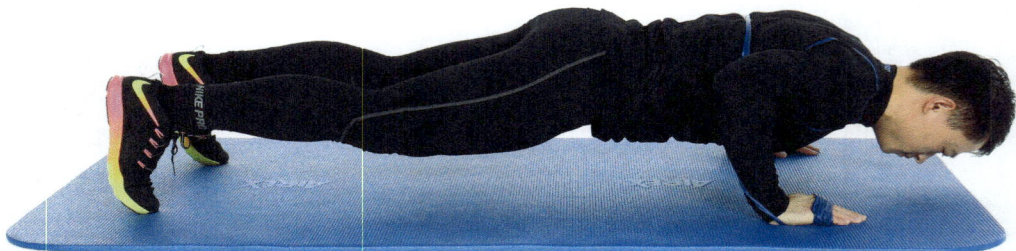

- **正确做法**
  身体保持为一条直线
  核心收紧

③ 双臂撑起，恢复准备姿势，完成规定的次数。

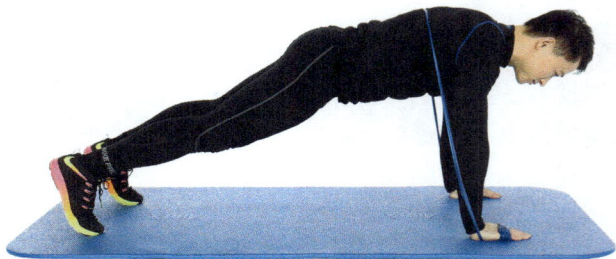

最佳锻炼部位

● 胸大肌

◆ 解析关键

黑色字体为主要锻炼的肌肉

灰色字体为次要锻炼的肌肉

变式练习

身体呈俯卧撑姿势，双手和双膝撑地。双手紧压弹力带，并将弹力带从背后绕过，小腿交叉。双臂弯曲做俯卧撑动作。

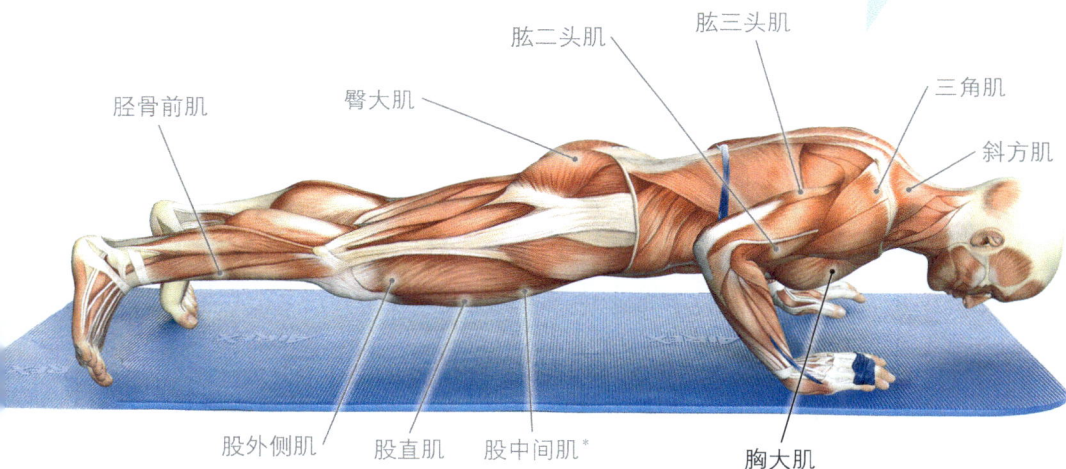

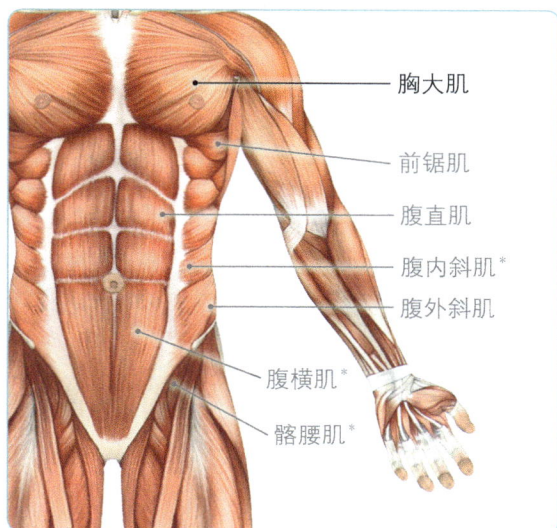

胫骨前肌

臀大肌

肱二头肌

肱三头肌

三角肌

斜方肌

股外侧肌

股直肌

股中间肌*

胸大肌

胸大肌

前锯肌

腹直肌

腹内斜肌*

腹外斜肌

腹横肌*

髂腰肌*

反向平板

避免	正确做法
双肩上耸	躯干与大腿成一条直线
双臂屈肘	核心收紧

❶ 身体呈仰卧姿，一侧腿弯曲，脚部支撑地面。另一侧腿向前伸展，脚尖向上，双臂伸直撑地，并压紧弹力带两端，同时将弹力带经腹前绕过。躯干与大腿尽可能成一条直线。

锻炼目标

- 臀部
- 大腿
- 核心

锻炼器械

- 弹力带

级别

- 中级

呼吸提示

- 全程均匀呼吸

注意 ⚠

- 若肩部或腕部存在不适，则不建议进行此项训练

❷ 保持身体姿势不变，双腿交替支撑身体至规定时间，完成规定的次数或时间。

- 臀大肌
- 半腱肌
- 股二头肌
- 半膜肌
- 腹直肌
- 腹外斜肌
- 股直肌

变式练习

身体呈仰卧姿，双腿弯曲，双脚支撑身体，双臂向下伸展支撑身体。双手压紧弹力带，并使弹力带从腹部绕过。保持姿势至规定时间。

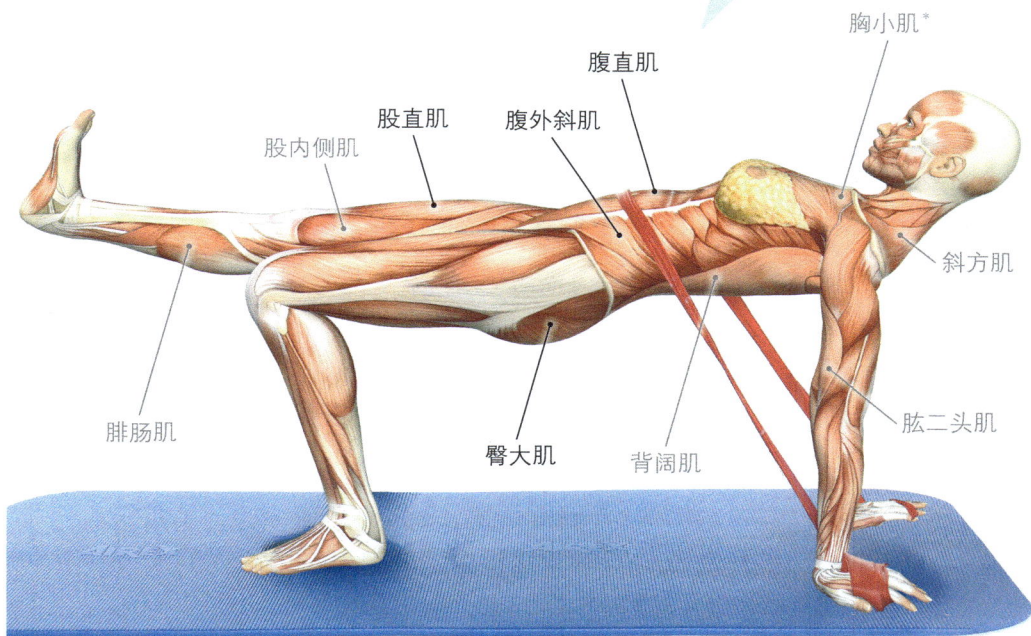

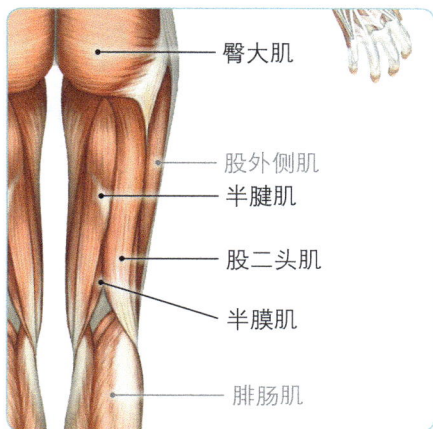

胸小肌*

腹直肌

股直肌   腹外斜肌

股内侧肌

斜方肌

腓肠肌

臀大肌   背阔肌

肱二头肌

臀大肌

股外侧肌
半腱肌

股二头肌

半膜肌

腓肠肌

◆ 解析关键

黑色字体为主要锻炼的肌肉

灰色字体为次要锻炼的肌肉

侧桥

避免	正确做法
髋关节弯曲	身体成一条直线
臀部下塌	核心收紧

锻炼目标
- 核心

锻炼器械
- 弹力带

级别
- 初级

呼吸提示
- 全程均匀呼吸

注意 ⚠️
- 若肩部或背部存在不适，则不建议进行此项训练

身体伸展，将弹力带从背部穿过，双手固定住弹力带两端。一侧手臂伸直撑于垫子上，另一侧手臂向上伸展，双脚支撑身体，保持弹力带绷直，保持姿势至规定时间。

肱二头肌

三角肌

前锯肌

腹直肌

腹横肌*

阔筋膜张肌

缝匠肌

腹外斜肌

尺侧腕屈肌

长收肌

斜方肌

背阔肌

腰方肌*

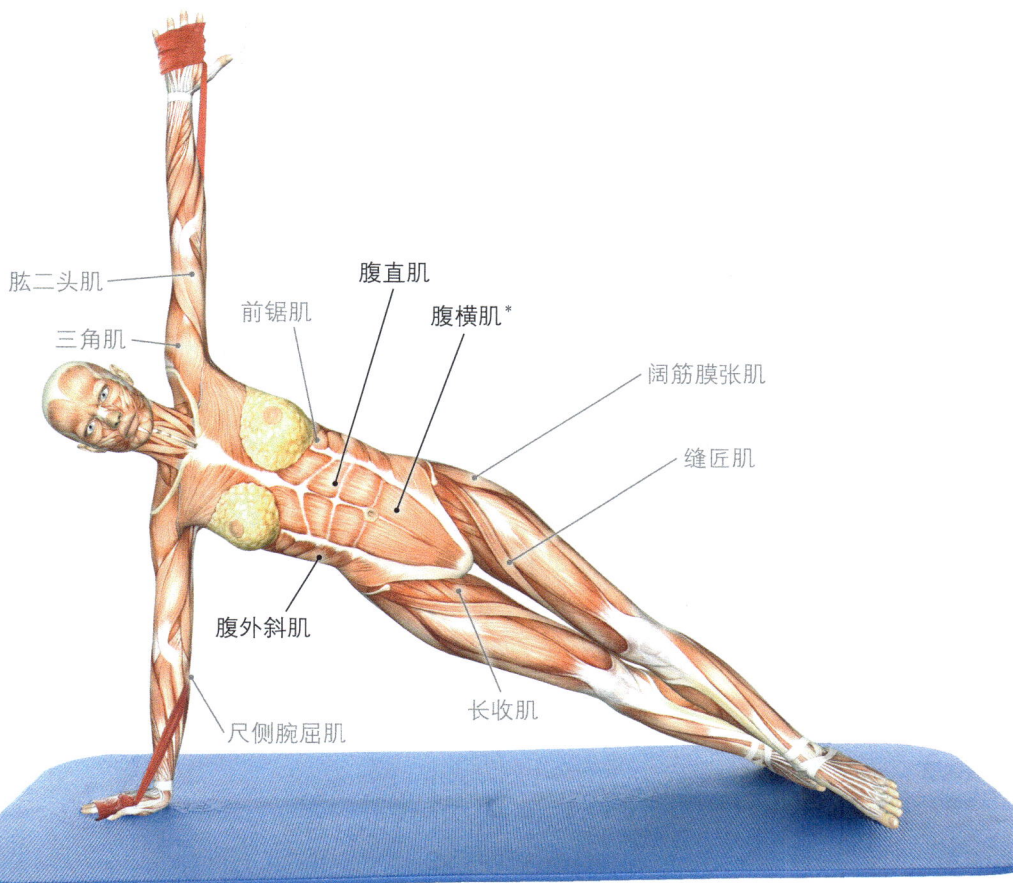

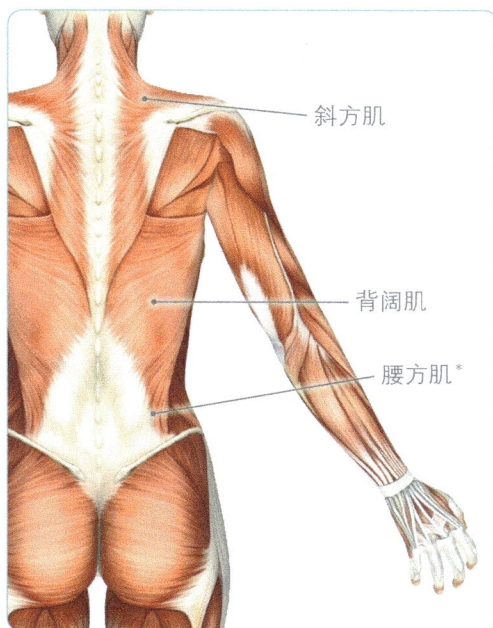

最佳锻炼部位

- 腹直肌
- 腹横肌*
- 腹外斜肌

◆ **解析关键**

黑色字体为主要锻炼的
肌肉

灰色字体为次要锻炼的
肌肉

07

CHAPTER SEVEN

第7章
弹力带与瑞士球组合训练

坐姿双臂胸前推

② 保持身体稳定，双臂向前拉伸弹力带。

① 坐于瑞士球上，双腿屈膝，双脚撑地。双臂屈肘向上。双手分别握紧弹力带两端，位于胸前，并使弹力带绕过背后，呈绷直状态。

锻炼目标
- 胸部
- 手臂
- 肩部
- 核心

锻炼器械
- 弹力带、瑞士球

级别
- 中级

呼吸提示
- 手臂前推时呼气，恢复时吸气

注意 ⚠
- 若背部存在不适，则不建议进行此项训练

③ 继续拉伸弹力带至双臂完全伸展，并尽可能平行于地面。恢复准备姿势，完成规定的次数。

- **避免**
  肩部上耸
  弓背弯腰

- **正确做法**
  核心收紧
  躯干挺直

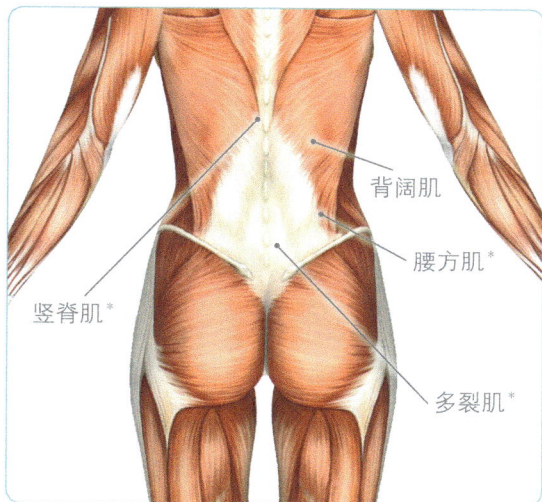

竖脊肌*
背阔肌
腰方肌*
多裂肌*

☀ 小提示

双脚撑地，保持身体稳定，避免动作过程中身体晃动。

◆ 解析关键

黑色字体为主要锻炼的肌肉
灰色字体为次要锻炼的肌肉

👤 最佳锻炼部位

● 胸大肌
● 肱三头肌
● 三角肌
● 腹外斜肌
● 腹直肌

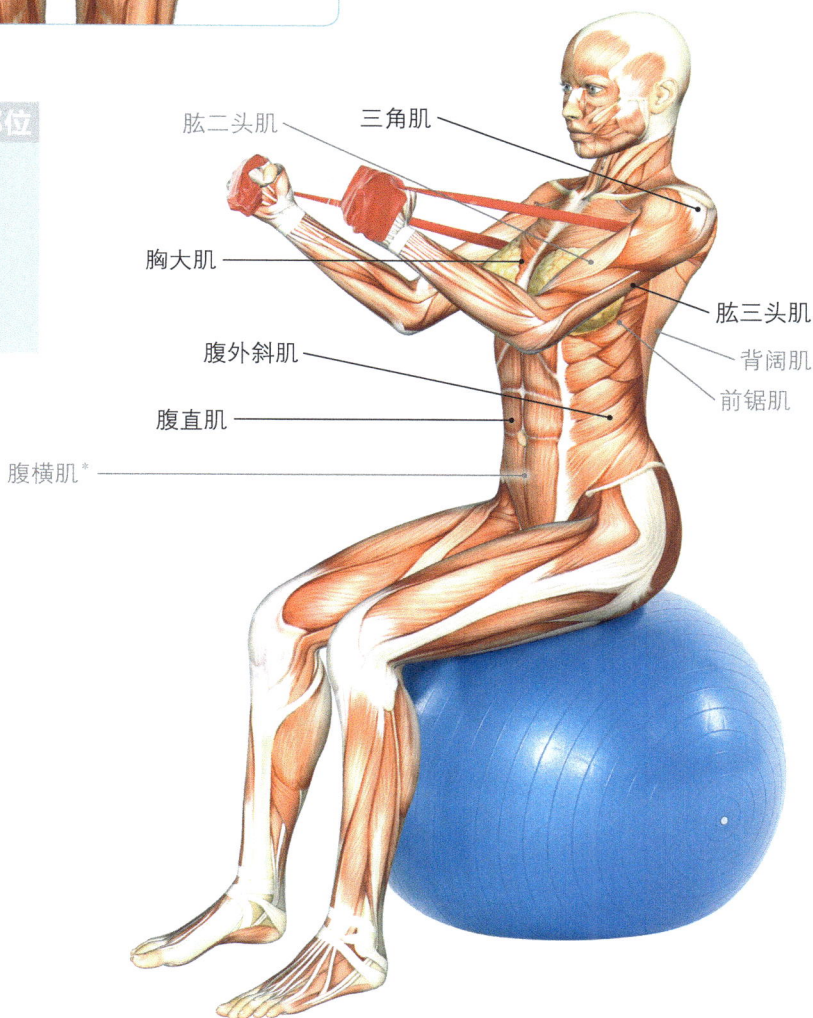

肱二头肌
三角肌
胸大肌
肱三头肌
背阔肌
前锯肌
腹外斜肌
腹直肌
腹横肌*

仰卧双臂胸前推

❶ 仰卧于瑞士球上，双腿屈膝约90度，双脚撑地。双臂向上弯举位于胸前，双手握紧弹力带两端，并使弹力带从背后绕过，保持弹力带绷直。

- **避免**

  臀部下塌
  头部后仰

- **正确做法**

  核心收紧
  臀部与膝盖成
  一条直线

锻炼目标

- 胸部
- 手臂
- 肩部
- 核心

锻炼器械

- 弹力带、瑞士球

级别

- 高级

呼吸提示 ◑

- 手臂上推时呼气，恢复时吸气

注意 ⚠

- 若颈部和肩部存在不适，则不建议进行此项训练

❷ 保持身体稳定，双臂向上拉伸弹力带。

❸ 继续拉伸弹力带至双臂完全伸展，恢复准备姿势，完成规定的次数。

第7章

弹力带与瑞士球组合训练

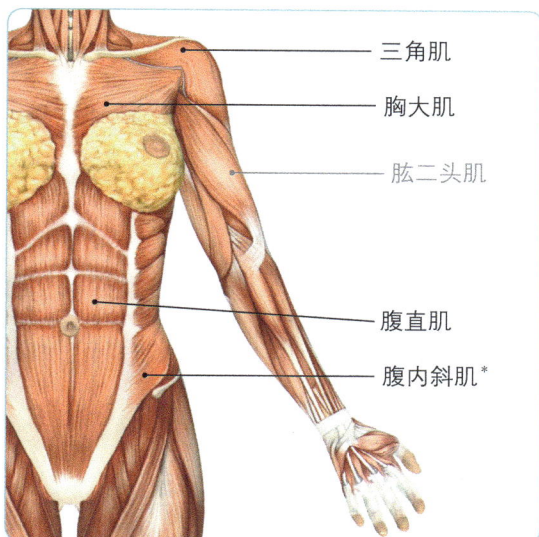

三角肌

胸大肌

肱二头肌

腹直肌

腹内斜肌*

☀ 小提示

保持身体平衡。

👤 **最佳锻炼部位**

- 胸大肌
- 肱三头肌
- 三角肌
- 腹内斜肌*
- 腹直肌
- 腹外斜肌

◆ **解析关键**

黑色字体为主要锻炼的肌肉

灰色字体为次要锻炼的肌肉

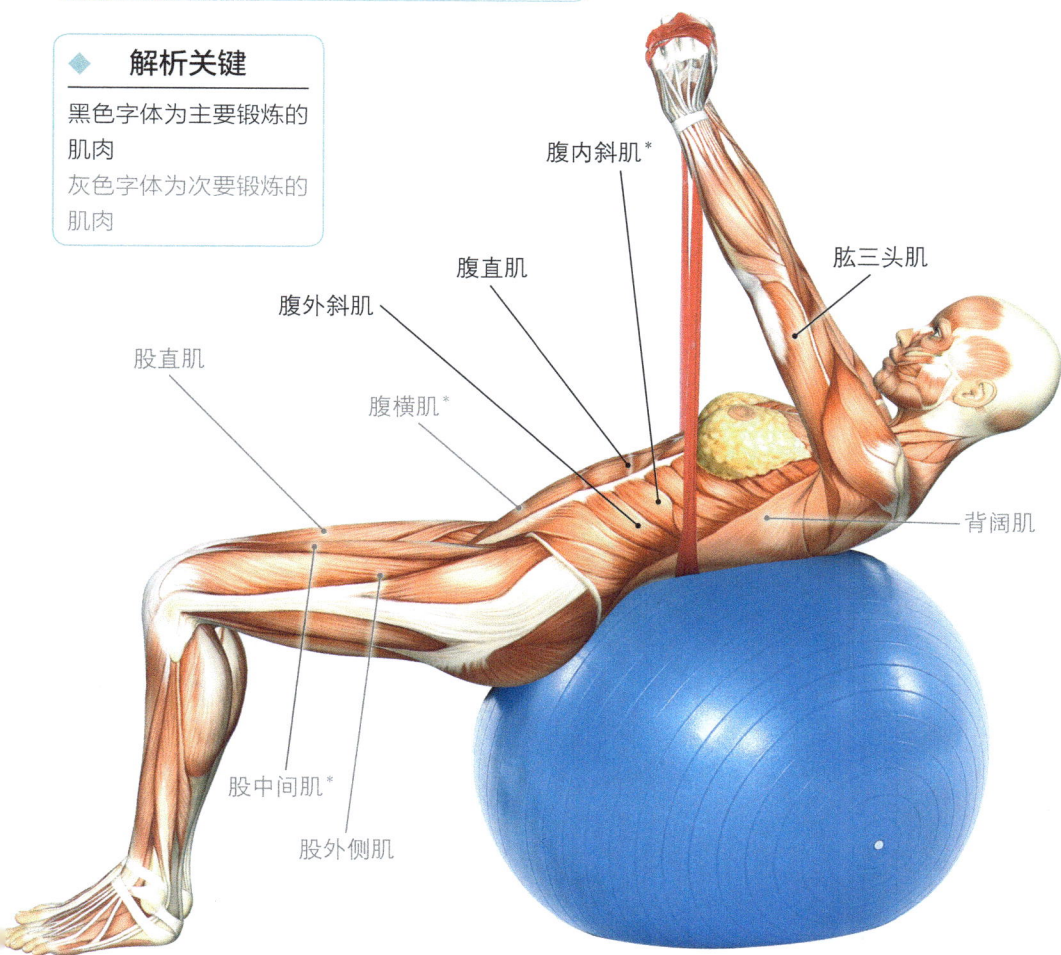

腹内斜肌*

肱三头肌

腹直肌

腹外斜肌

腹横肌*

股直肌

背阔肌

股中间肌*

股外侧肌

第7章

弹力带与瑞士球组合训练

坐姿飞鸟

锻炼目标
- 胸部
- 核心

锻炼器械
- 弹力带、瑞士球

级别
- 中级

呼吸提示
- 拉伸弹力带时呼气，恢复时吸气

注意 ⚠️
- 若下背部或肩部存在不适，则不建议进行此项训练

● 避免

双肩上耸
弓背脊柱弯曲

● 正确做法

核心收紧
躯干挺直

① 坐于瑞士球上，双腿屈膝，双脚撑地。双臂向身体两侧伸展，双手分别紧握弹力带两端，使弹力带从身体后侧绕过，保持弹力带绷直。

② 双臂同时向前做飞鸟动作。

③ 继续拉伸弹力带至双手位于胸前。恢复准备姿势，完成规定的次数。

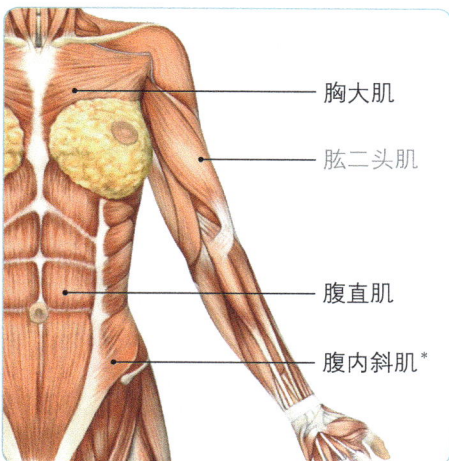

胸大肌

肱二头肌

腹直肌

腹内斜肌*

- 胸大肌
- 腹直肌
- 腹内斜肌*
- 腹外斜肌
- 腹横肌*

解析关键

黑色字体为主要锻炼的肌肉

灰色字体为次要锻炼的肌肉

三角肌

肱三头肌

背阔肌

腹直肌

腹外斜肌

腹横肌*

变式练习

坐于瑞士球上，双手分别握紧弹力带两端，并将弹力带中间位置固定在前方等高物体上。双臂向身体两侧拉伸弹力带，至侧平举姿势。

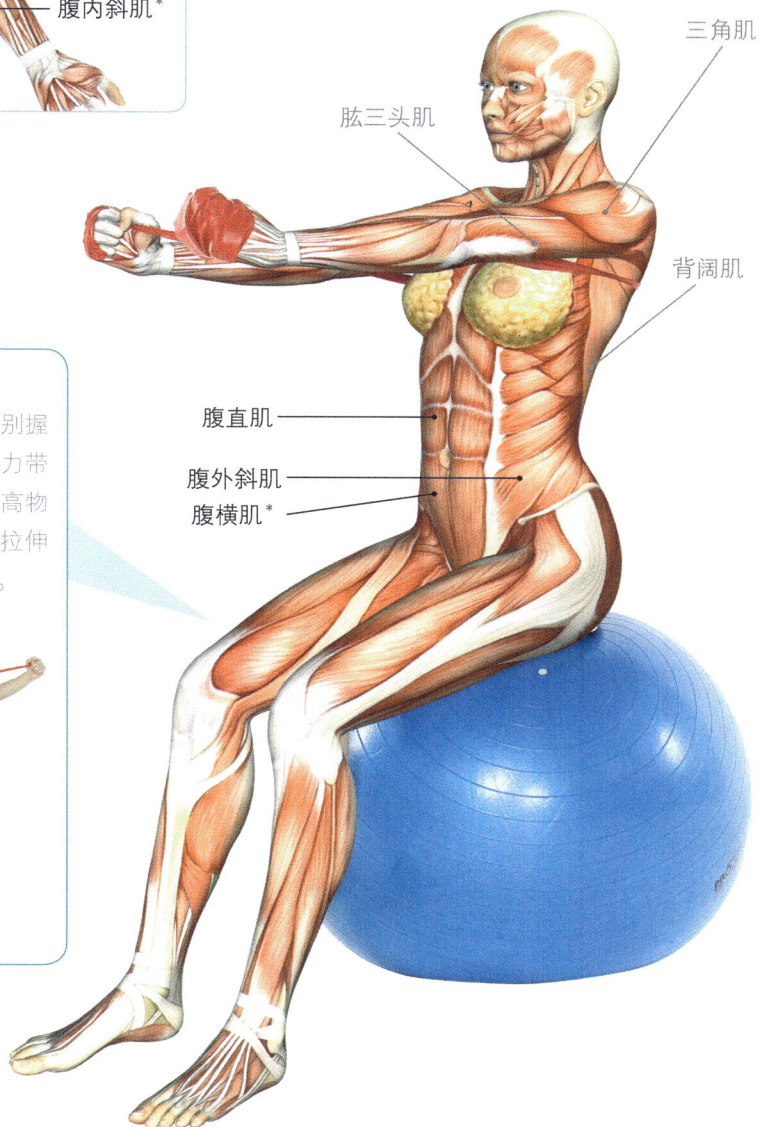

第7章

弹力带与瑞士球组合训练

仰卧飞鸟

① 仰卧于瑞士球上，双腿屈膝，双脚撑地。双手分别握紧弹力带两端，并使弹力带从背后绕过。双臂向两侧伸展，保持弹力带绷直。

② 保持身体稳定，双臂向内拉伸弹力带。

锻炼目标
- 胸部
- 核心

锻炼器械
- 弹力带、瑞士球

级别
- 高级

呼吸提示 ◑
- 拉伸弹力带时呼气，恢复时吸气

注意 ⚠️
- 若下背部或肩部存在不适，则不建议进行此项训练

- **避免**

  背部弯曲
  双臂晃动
  臀部下塌

- **正确做法**

  核心收紧
  背部挺直

③ 继续拉伸弹力带至双臂尽可能与地面垂直。恢复准备姿势，完成规定的次数。

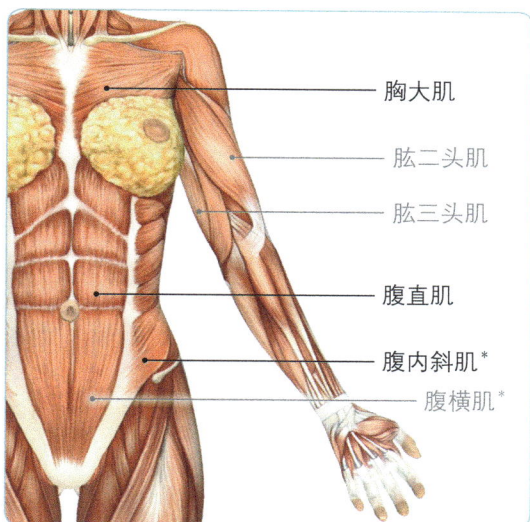

胸大肌

肱二头肌

肱三头肌

腹直肌

腹内斜肌*

腹横肌*

☀ 小提示

拉伸过程中保持身体稳定，双脚平放
于地面。

◆ 解析关键

黑色字体为主要锻炼的
肌肉

灰色字体为次要锻炼的
肌肉

最佳锻炼部位

● 胸大肌
● 腹直肌
● 腹内斜肌*
● 腹外斜肌

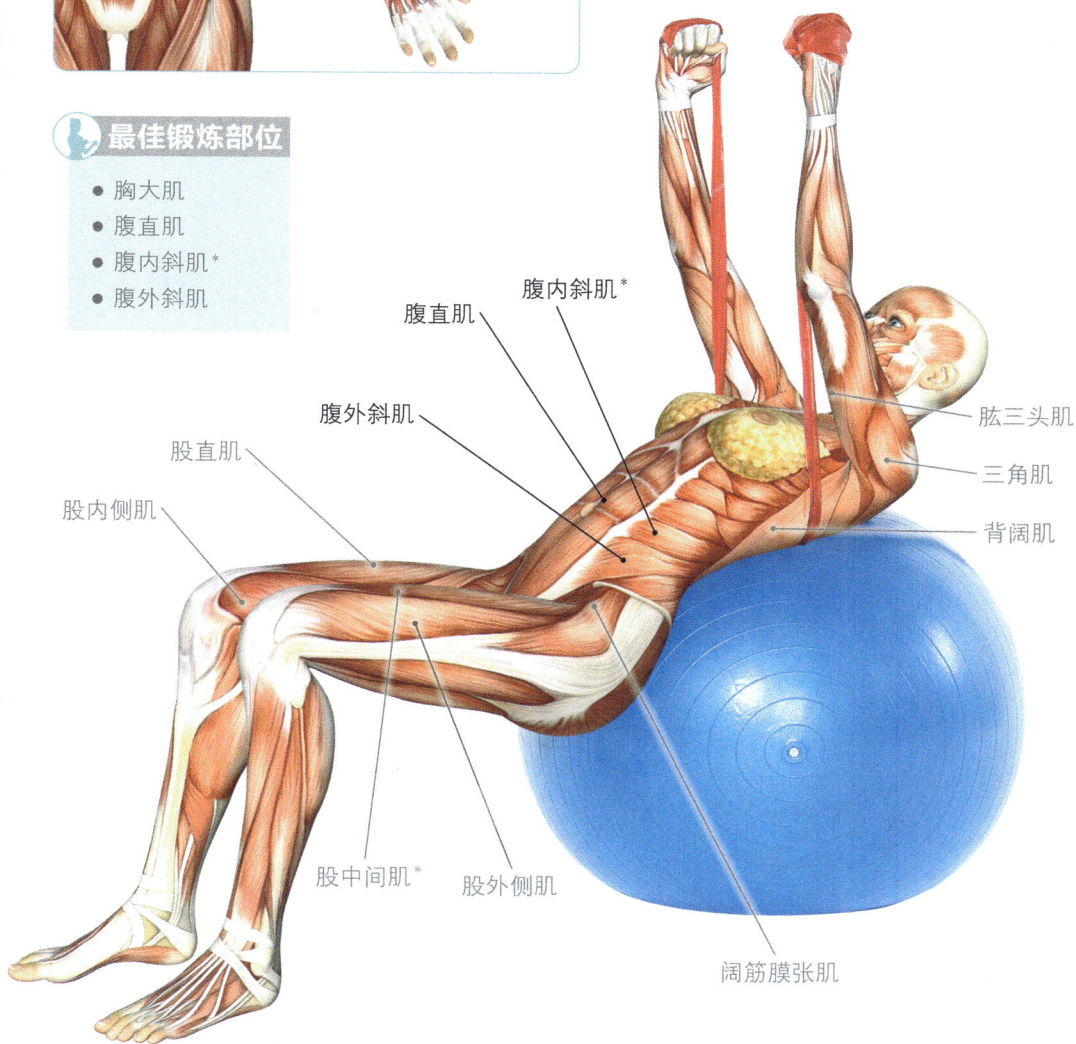

腹内斜肌*

腹直肌

腹外斜肌

股直肌

股内侧肌

肱三头肌

三角肌

背阔肌

股中间肌*

股外侧肌

阔筋膜张肌

08

CHAPTER EIGHT

第8章
弹力带与哑铃组合训练

双臂前平举

① 身体呈站姿，双脚开立与肩同宽，并踩住弹力带中间位置，双手分别握紧固定弹力带两端的哑铃。双臂自然下垂，保持弹力带绷直。

② 保持双臂伸直，向上抬至前平举姿势，拉伸弹力带至双臂与肩部齐平。恢复准备姿势，完成规定的次数。

锻炼目标
● 肩部

锻炼器械
● 弹力带、哑铃

级别
● 初级

呼吸提示
● 双臂上抬时呼气，下降时吸气

注意 ⚠
● 若肩部存在不适，则不建议进行此项训练

● **避免**
双肩上耸
背部弯曲
双手高度超过肩部

● **正确做法**
核心收紧

- 三角肌

肱三头肌

三角肌

解析关键

黑色字体为主要锻炼的
肌肉
灰色字体为次要锻炼的
肌肉

胸大肌

前锯肌

小提示

速度不宜过快，保持双臂稳定向上。

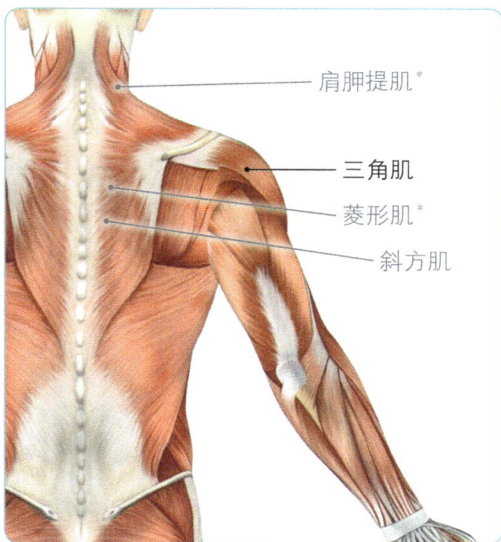

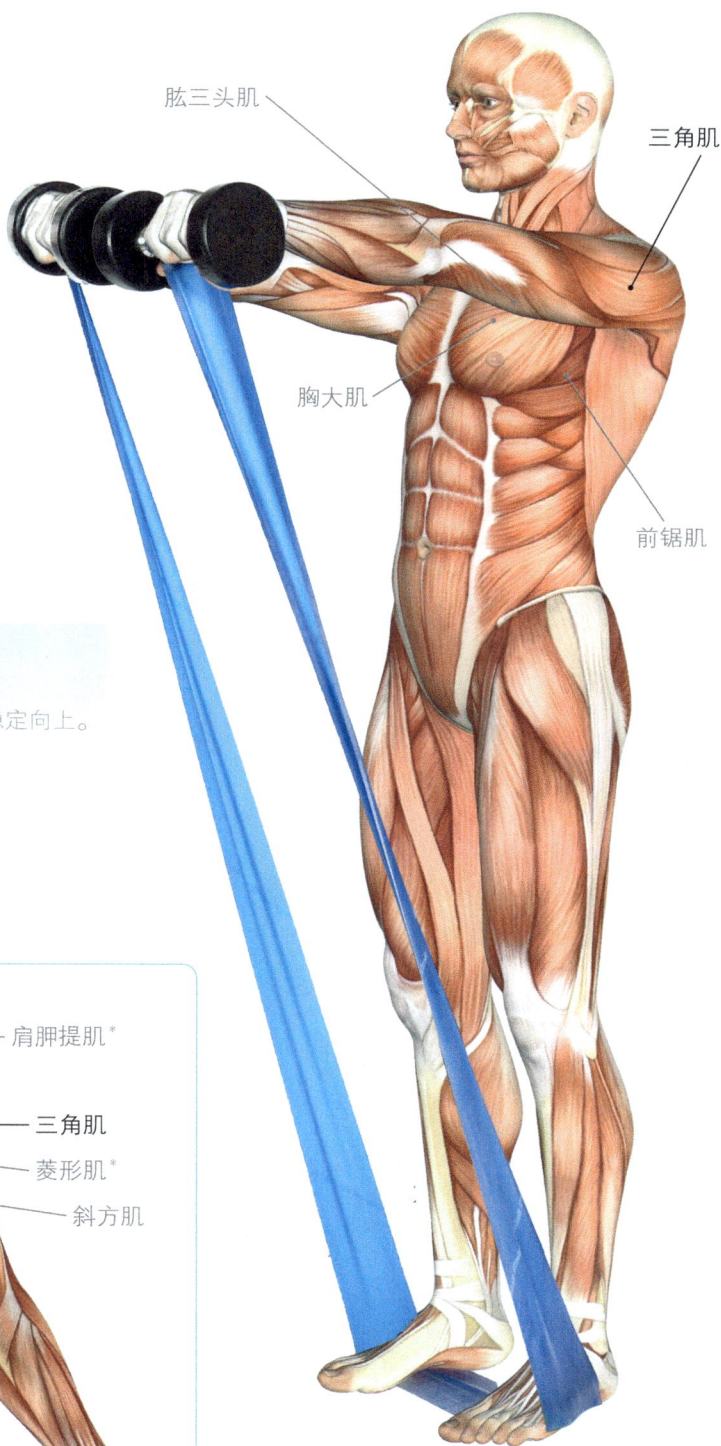

肩胛提肌*

三角肌

菱形肌*

斜方肌

第8章

弹力带与哑铃组合训练

单臂基本弯举

① 身体呈站立姿，双脚开立与肩同宽。一侧脚踩住弹力带一端，同侧手握紧固定弹力带另一端的哑铃。手臂自然下垂，保持弹力带绷直。

② 保持身体姿势不变，前臂向上拉伸弹力带。

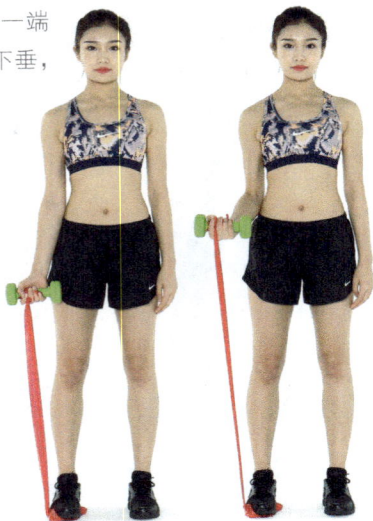

③ 拉伸弹力带至肘关节弯曲到最大限度。恢复准备姿势，完成规定的次数，对侧亦然。

锻炼目标
● 手臂

锻炼器械
● 弹力带、哑铃

级别
● 初级

呼吸提示
● 弯举时呼气，恢复时吸气

注意 ⚠
● 若腰背部存在不适，则不建议进行此项训练

● **避免**
躯干前倾、弓背
弯举手臂晃动
双肩上耸

● **正确做法**
双腿膝盖放松
上臂保持不动
核心收紧

三角肌

肱二头肌

桡侧腕屈肌

肱桡肌

尺侧腕屈肌

肱二头肌

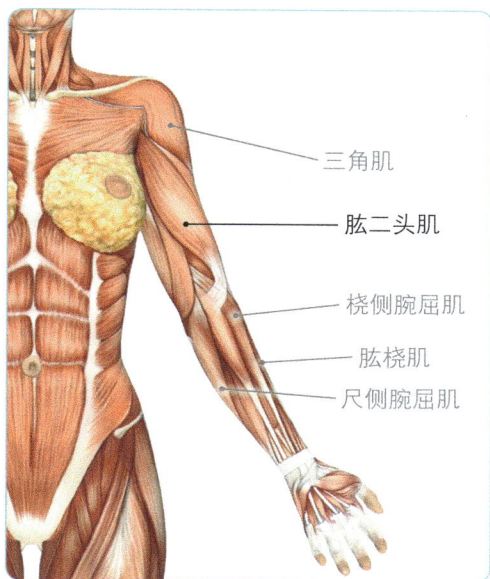

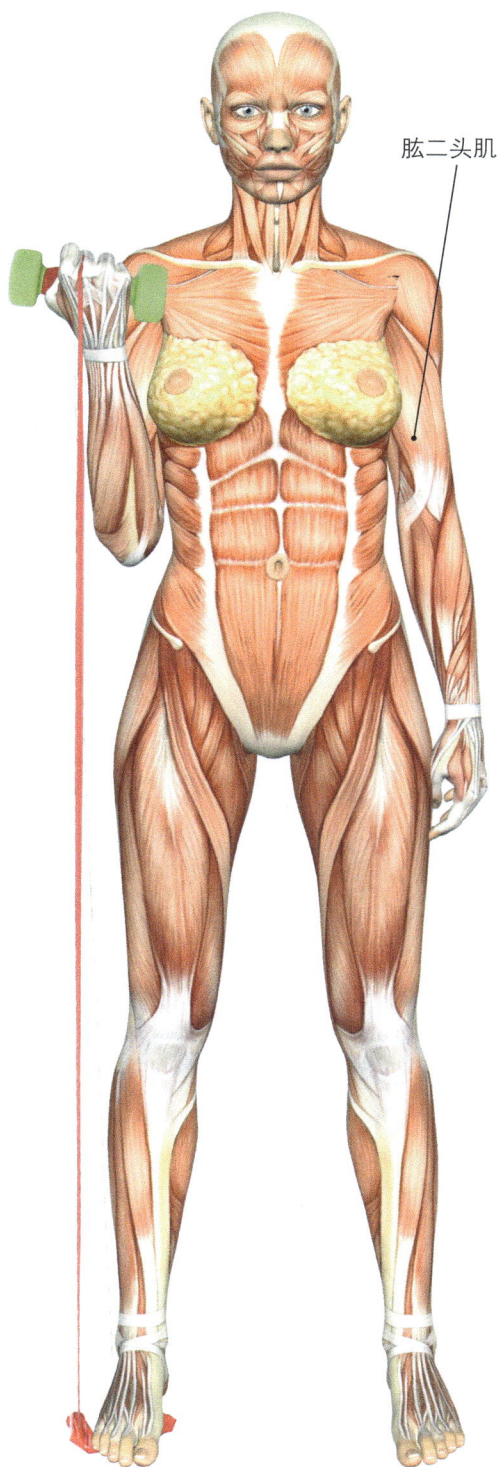

最佳锻炼部位

● 肱二头肌

◆ **解析关键**

黑色字体为主要锻炼的
肌肉
灰色字体为次要锻炼的
肌肉

弹力带与哑铃组合训练

双臂飞鸟

① 身体呈仰卧姿，双腿屈膝，双脚
撑地。双臂伸直向上，双手握紧
分别固定弹力带两端的哑铃，并
将弹力带中部绕过背部，保持弹
力带绷直。

锻炼目标
● 胸部

锻炼器械
● 弹力带、哑铃

级别
● 高级

呼吸提示
● 下放哑铃时吸气，推起
哑铃时呼气

注意 ⚠
● 迅速恢复准备姿势

② 保持身体姿势不变，双臂向两侧
拉伸弹力带，至双臂尽可能与地
面平行。

③ 恢复准备姿势，完成规定的
次数。

● **避免**
肘关节锁死

● **正确做法**
核心收紧、腰背挺直
胸大肌发力

第8章

弹力带与哑铃组合训练

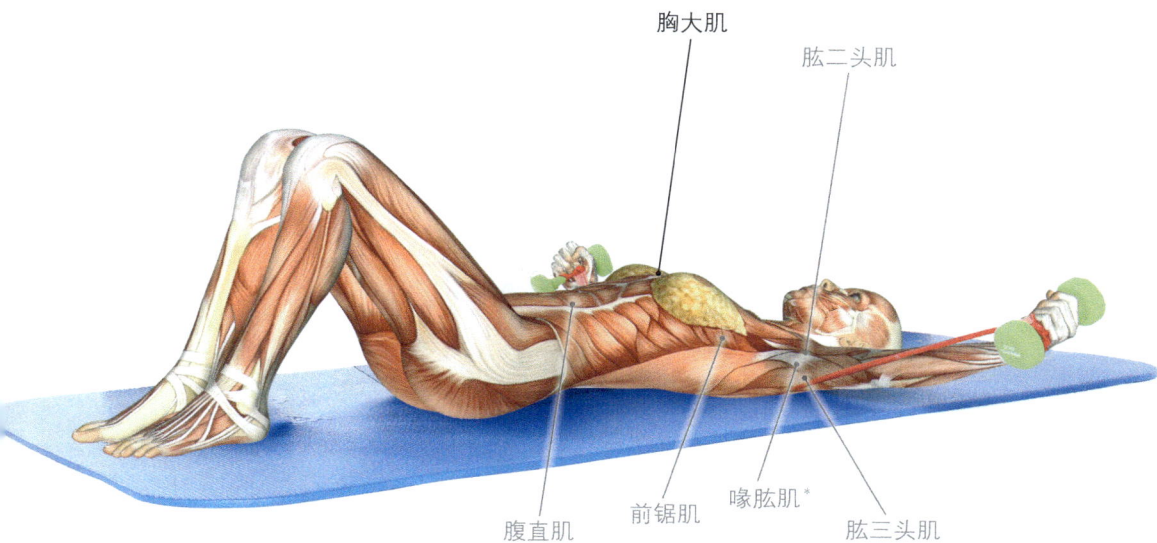

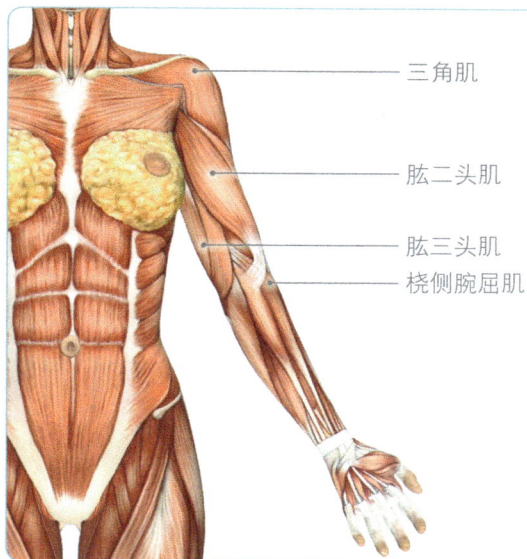

胸大肌

肱二头肌

腹直肌

前锯肌

喙肱肌*

肱三头肌

三角肌

肱二头肌

肱三头肌
桡侧腕屈肌

◆ **解析关键**

黑色字体为主要锻炼的肌肉

灰色字体为次要锻炼的肌肉

☀ **小提示**

当两个肘关节处于最低点时，保持其在同一个水平面上。

双臂胸前推

❶ 身体呈仰卧姿，双腿屈膝，双脚撑地。双臂屈肘，双手握紧分别固定弹力带两端的哑铃，并将弹力带中部绕过背部，保持弹力带绷直。

锻炼目标
● 胸部

锻炼器械
● 弹力带、哑铃

级别
● 高级

呼吸提示
● 下放哑铃时吸气，推起哑铃时呼气

注意 ⚠
● 若肩部存在不适，则不建议进行此项训练

❷ 保持身体姿势不变，双臂向上推举至双臂完全伸直。

❸ 恢复准备姿势，完成规定的次数。

● **避免**
过度伸展双臂

● **正确做法**
核心收紧，腰背挺直
胸大肌、双臂同时发力

第8章

弹力带与哑铃组合训练

肱二头肌

腹直肌

胸大肌

三角肌

胸小肌*

斜方肌

冈上肌*

小圆肌*

肱三头肌

背阔肌

弹力带与哑铃组合训练

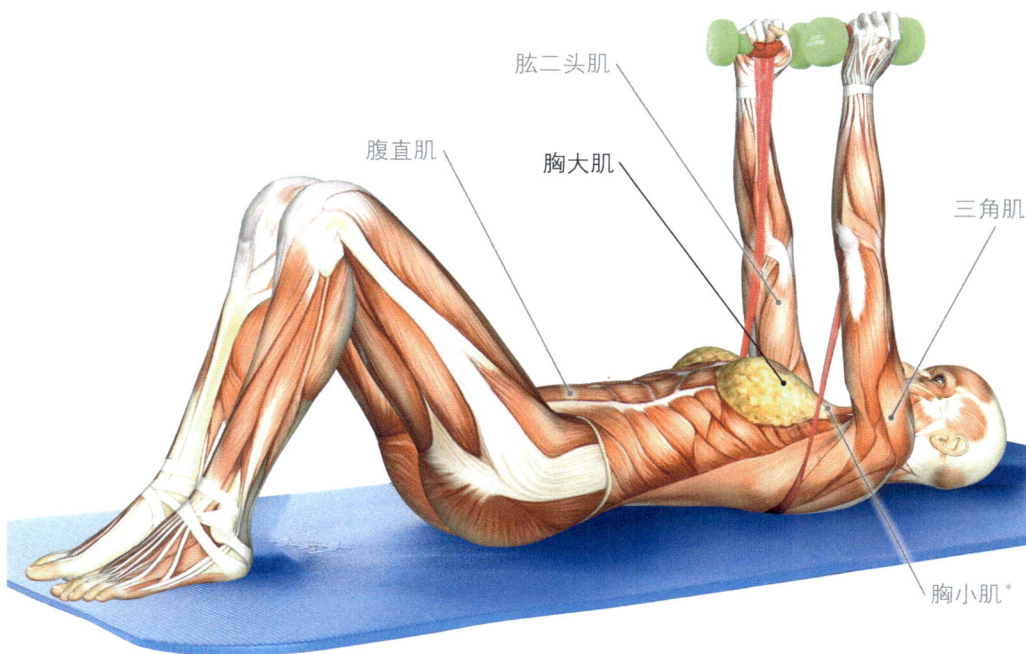

最佳锻炼部位

● 胸大肌

◆ 解析关键

黑色字体为主要锻炼的
肌肉
灰色字体为次要锻炼的
肌肉

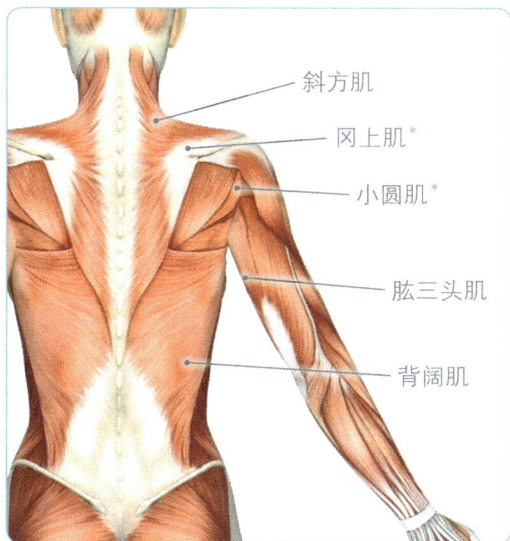

09

CHAPTER NINE

第9章
拉伸训练

坐式头部倾斜

- **避免**

  肩部上耸或绷紧

- **正确做法**

  坐直，不要弓背

❶ 身体呈坐姿，面向前方，背部挺直。双腿在前屈膝，双臂伸直外展。

❷ 头部最大限度向左侧倾斜，至明显感到拉伸感。

❸ 头部继续向右侧倾斜。完成规定的次数。

锻炼目标
- 背部

锻炼器械
- 徒手

级别
- 初级

呼吸提示
- 全程均匀呼吸

注意 ⚠️
- 若颈部存在不适，则不建议进行此项训练

第9章

拉伸训练

170

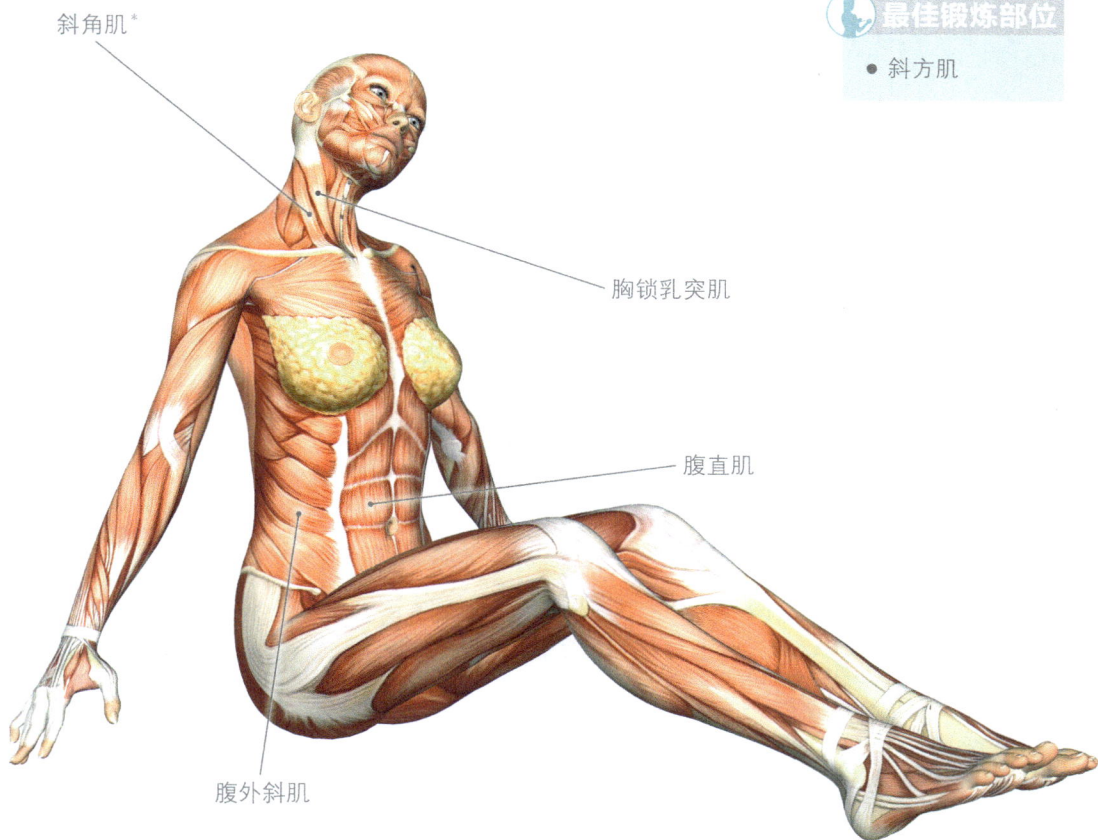

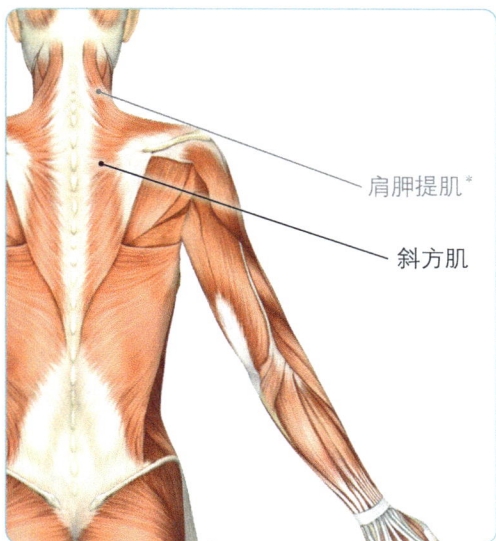

斜角肌*

胸锁乳突肌

腹直肌

腹外斜肌

肩胛提肌*

斜方肌

第9章

拉伸训练

◆ **解析关键**

黑色字体为主要锻炼的
肌肉
灰色字体为次要锻炼的
肌肉

手臂后伸屈肘

① 身体呈站姿，双脚开立与肩同宽，双臂自然下垂。

第9章 拉伸训练

锻炼目标	
● 手臂	
锻炼器械	
● 徒手	
级别	
● 初级	
呼吸提示	
● 全程均匀呼吸	
注意	⚠
● 若肩部不适，则不建议进行此项训练	

② 右臂屈肘并将手放于肩胛骨之间，感受目标肌肉有中等程度的拉伸感。保持动作至规定时间，对侧亦然。完成规定的次数。

● **避免**

身体倾斜

● 肱三头肌

◆ **解析关键**

黑色字体为主要锻炼的
肌肉
灰色字体为次要锻炼的
肌肉

☀ **小提示**

动作过程中，身体保持稳定，避免
前后晃动。

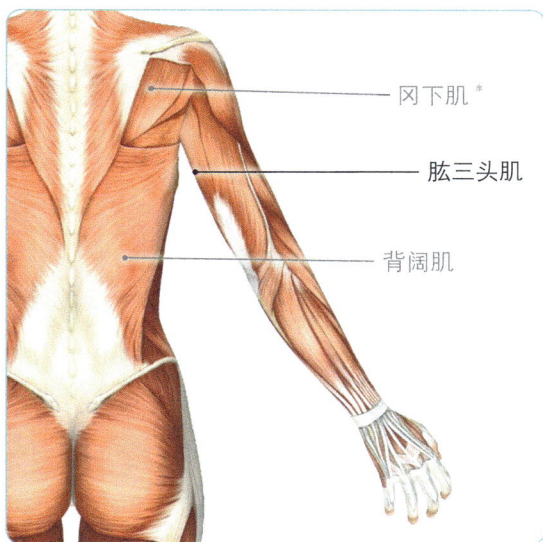

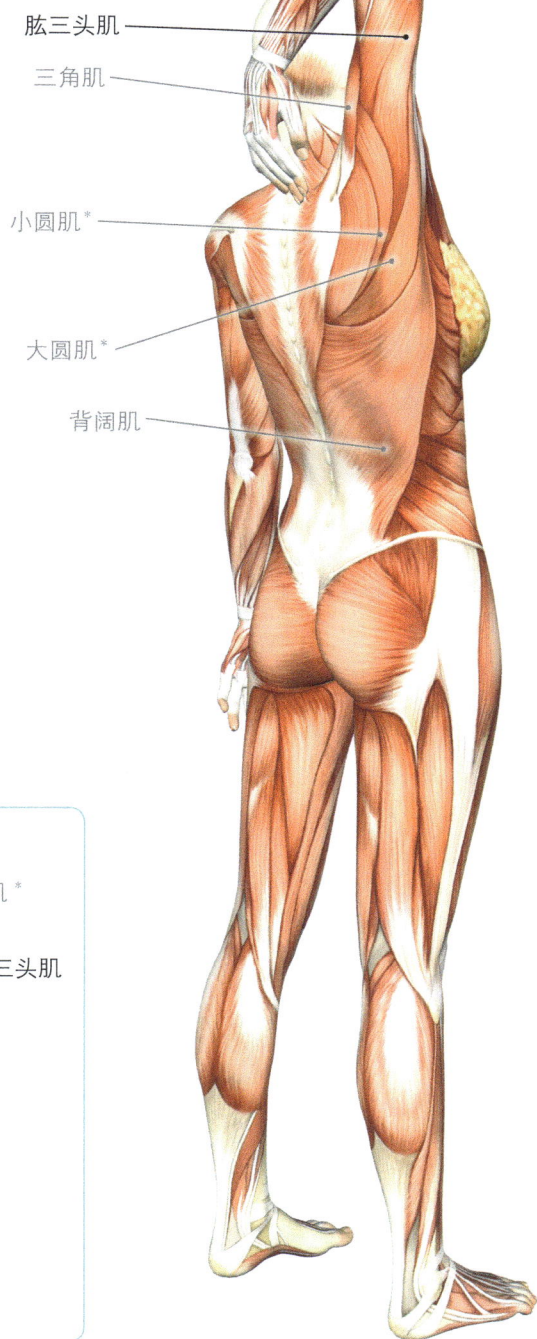

肱三头肌

三角肌

小圆肌*

大圆肌*

背阔肌

冈下肌*

肱三头肌

背阔肌

动态弓形

❶ 身体呈站姿，双脚分开站立，与肩同宽。双手扶住下腰背两侧。

- **避免**
  头过度后仰
  手肘向前

- **正确做法**
  稳定身体重心
  尽可能保持下腰背的舒适

❷ 身体逐渐后仰至目标肌肉产生明显拉伸感。恢复准备姿势，完成规定的次数。

锻炼目标
- 核心

锻炼器械
- 徒手

级别
- 初级

呼吸提示
- 全程均匀呼吸

注意 ⚠
- 若背部存在损伤，则不建议进行此项训练

第9章

拉伸训练

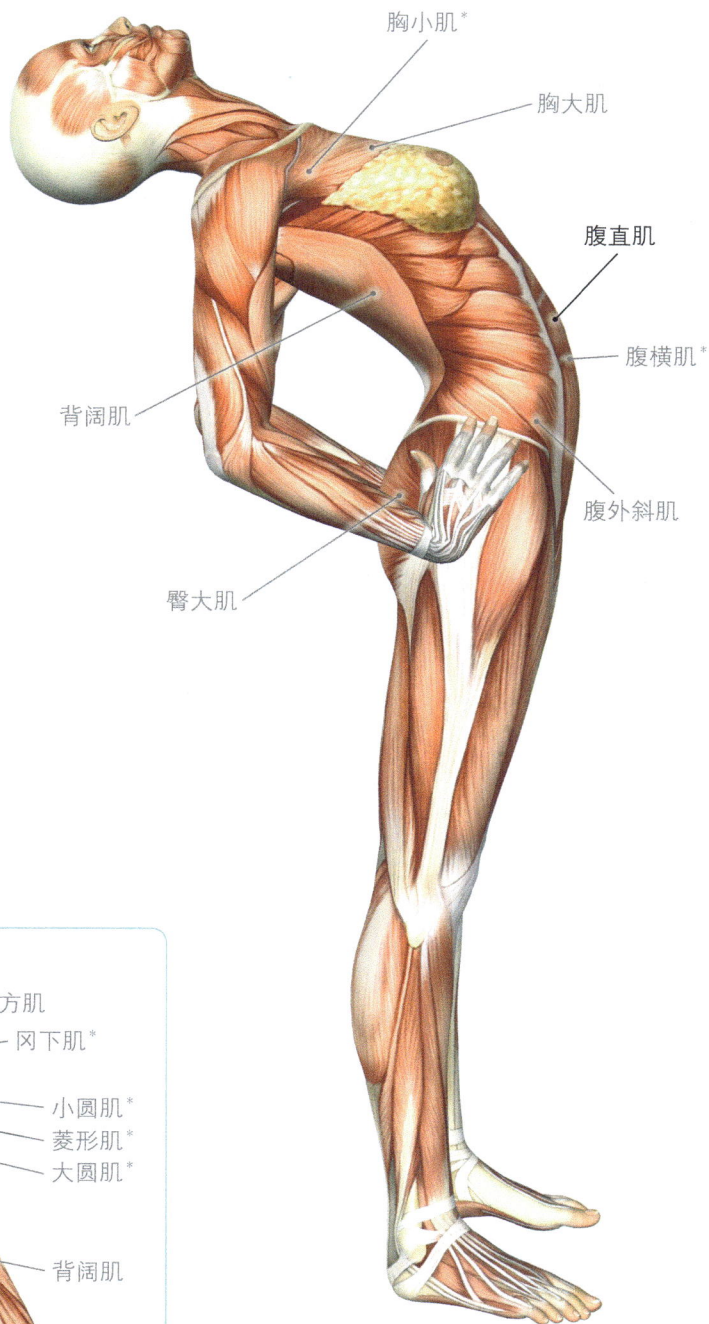

- 腹直肌

胸小肌*

胸大肌

腹直肌

腹横肌*

腹外斜肌

背阔肌

臀大肌

◆ 解析关键

黑色字体为主要锻炼的
肌肉

灰色字体为次要锻炼的
肌肉

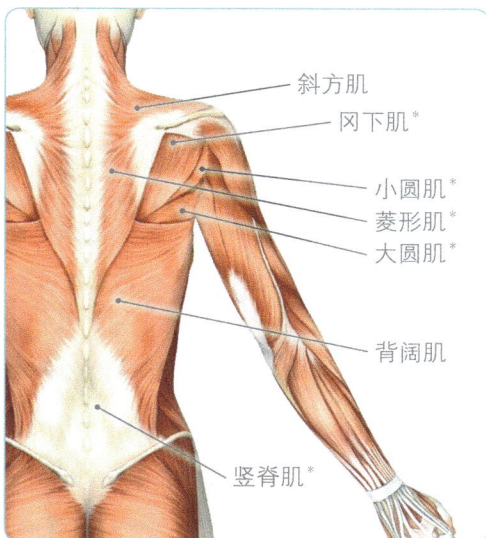

斜方肌

冈下肌*

小圆肌*

菱形肌*

大圆肌*

背阔肌

竖脊肌*

第9章

拉伸训练

175

屈膝

1 身体呈站姿，右手扶住跳箱，保持身体稳定。

2 左腿屈膝后抬，左手最大限度地将脚跟拉向臀部，感受目标肌肉得到拉伸。

锻炼目标
- 大腿

锻炼器械
- 跳箱

级别
- 初级

呼吸提示
- 全程均匀呼吸

注意 ⚠
- 若膝盖存在不适，则不建议进行此项训练

3 恢复准备姿势，对侧亦然。完成规定的次数。

- **避免**
  身体前倾

- **正确做法**
  双膝保持并拢
  保持身体平衡

- 股外侧肌
- 股直肌
- 股中间肌
- 股内侧肌

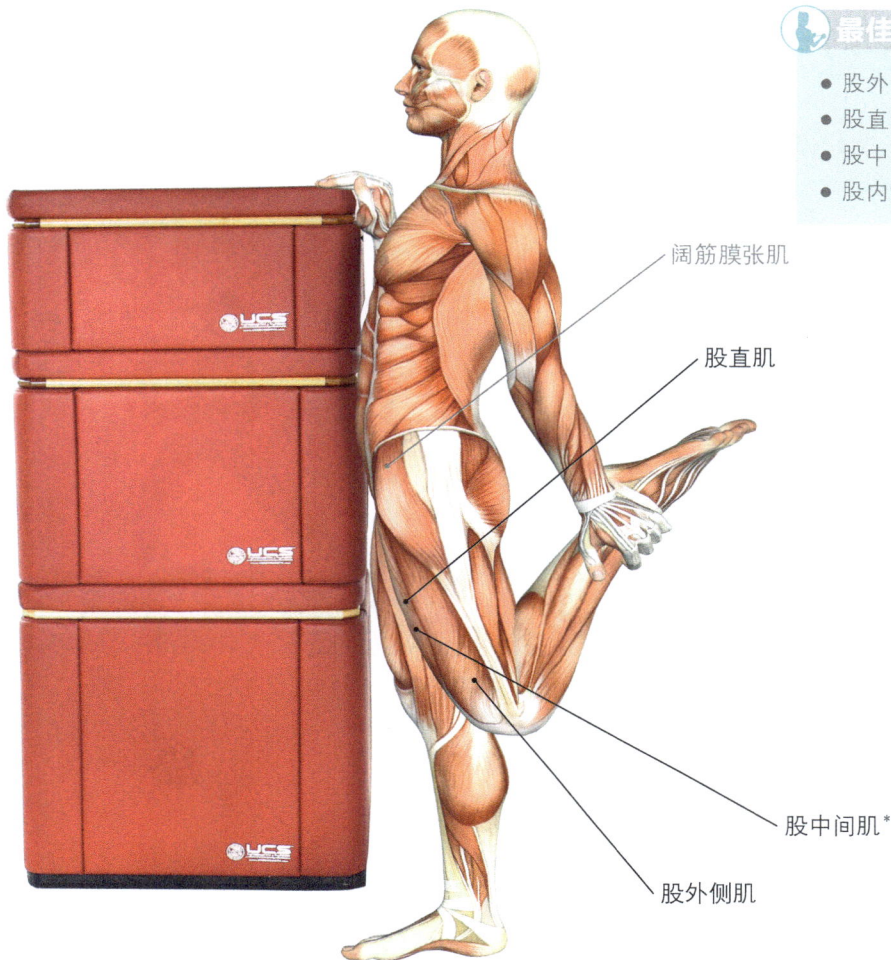

阔筋膜张肌

股直肌

股中间肌*

股外侧肌

◆ **解析关键**

黑色字体为主要锻炼的
肌肉
灰色字体为次要锻炼的
肌肉

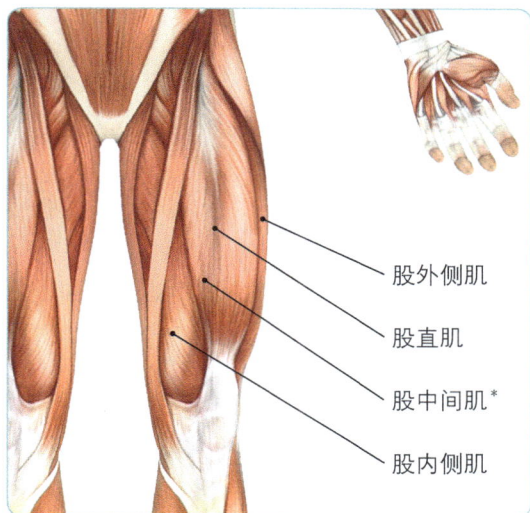

股外侧肌

股直肌

股中间肌*

股内侧肌

动态侧弓步

① 身体呈站姿，双腿开立约为两倍肩宽。双手位于胯部两侧，目视前方。

② 右腿保持伸直，左腿屈膝，臀部后坐，感受目标肌肉得到拉伸。

③ 双腿交替动作，完成规定的次数。

锻炼目标

● 大腿

锻炼器械

● 徒手

级别

● 初级

呼吸提示

● 全程均匀呼吸

注意 ⚠

● 若髋关节或膝盖存在不适，则不建议进行此项训练

● 避免

脊柱弯曲
膝盖位置超过脚尖
双脚移动时离开地面

● 正确做法

保持颈部和肩部放松

- 长收肌
- 大收肌*
- 耻骨肌

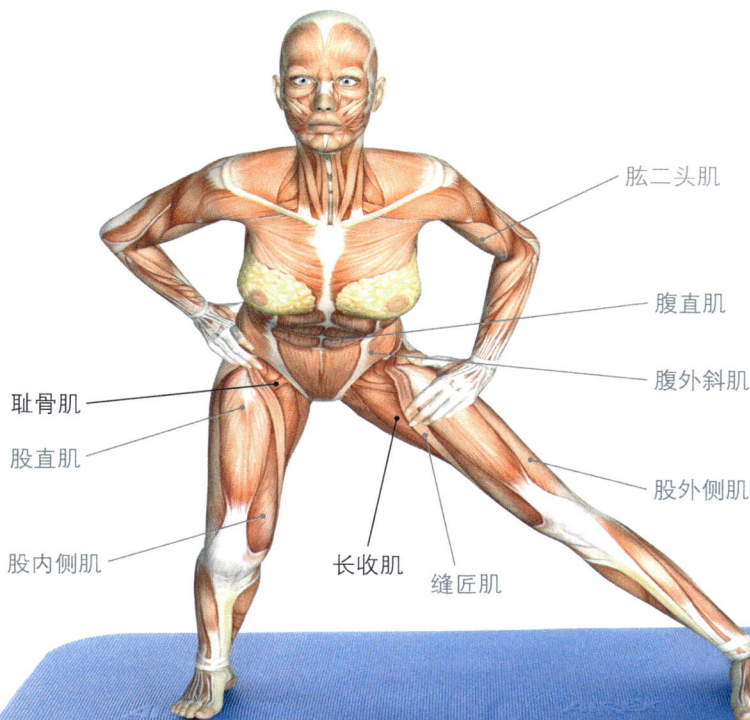

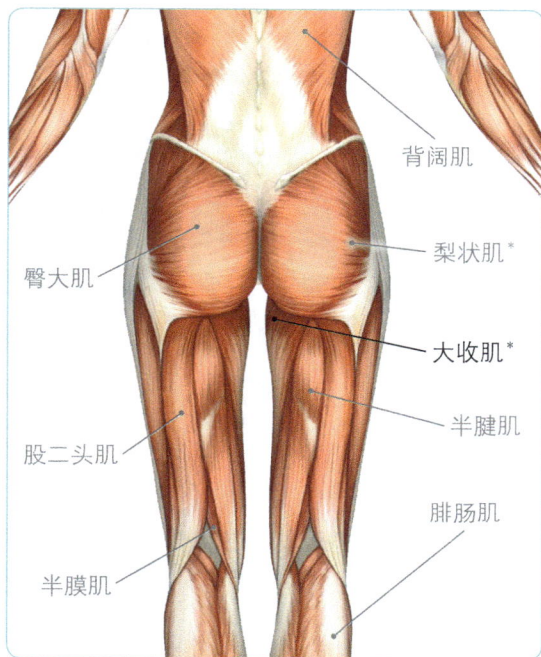

肱二头肌

腹直肌

腹外斜肌

耻骨肌

股直肌

股外侧肌

股内侧肌

长收肌

缝匠肌

背阔肌

梨状肌*

臀大肌

大收肌*

半腱肌

股二头肌

腓肠肌

半膜肌

解析关键

黑色字体为主要锻炼的肌肉

灰色字体为次要锻炼的肌肉

小提示

从一侧转向另一侧，双腿交换动作时，保持躯干平直。

三角式

① 身体呈站姿，双腿分开站立，右腿伸直，脚尖向前，左腿伸直，脚尖外旋约90度。双臂伸直，呈侧平举姿势，掌心向前。

● **正确做法**

脊柱延展、拉伸
脚部用力推地
保持双腿伸直

锻炼目标

● 大腿
● 核心
● 胸部
● 背部

锻炼器械

● 徒手

级别

● 初级

呼吸提示

● 全程均匀呼吸

注意 ⚠

● 若膝关节存在损伤，则不建议进行此项训练

② 左手支撑在左侧小腿上，右臂伸直指向上方，目视右手。保持动作至规定时间，对侧亦然。

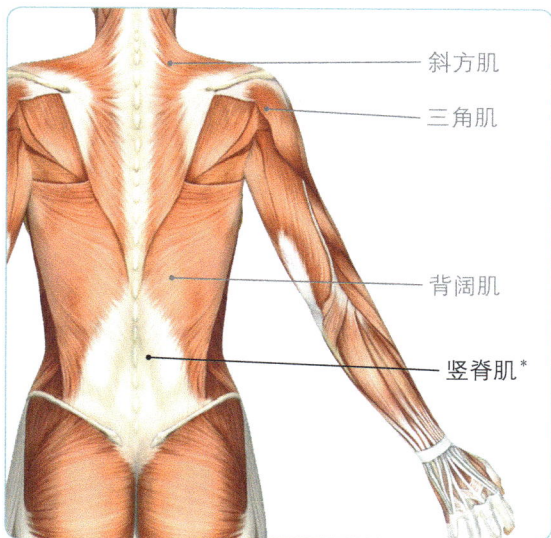

斜方肌

三角肌

背阔肌

竖脊肌*

◆ **解析关键**

黑色字体为主要锻炼的
肌肉

灰色字体为次要锻炼的
肌肉

最佳锻炼部位

- 耻骨肌
- 长收肌
- 大收肌*
- 腹内斜肌*
- 腹外斜肌
- 竖脊肌*

前锯肌

腹外斜肌

胸大肌

腹直肌

腹横肌*

耻骨肌

股直肌

长收肌

大收肌*

- 腹外斜肌

腹内斜肌*

第9章

拉伸训练

| 181

站立式4字体形

- **避免**

  背部弯曲

  强行将大腿靠近胸部

- **正确做法**

  目视前方

❶ 背部挺直，双手扶住跳箱，右腿弯曲，放于左侧大腿上，呈4字形。

❷ 保持身体稳定，逐渐下蹲至目标肌肉得到充分拉伸。

锻炼目标
● 臀部

锻炼器械
● 跳箱

级别
● 中级

呼吸提示
● 全程均匀呼吸

注意 ⚠
● 若下背部或膝盖存在不适，则不建议进行此项训练

❸ 恢复准备姿势，完成规定的次数。对侧亦然。

第9章 拉伸训练

- 臀大肌
- 梨状肌

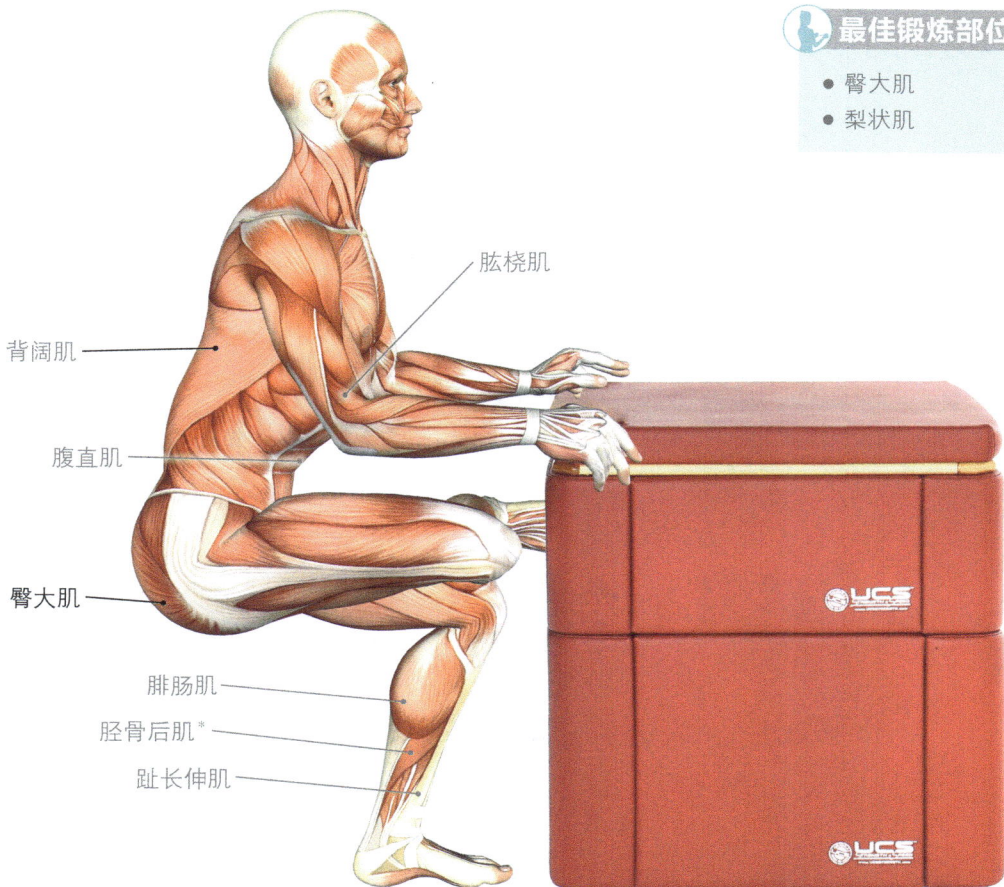

肱桡肌

背阔肌

腹直肌

臀大肌

腓肠肌

胫骨后肌*

趾长伸肌

◆ **解析关键**

黑色字体为主要锻炼的肌肉

灰色字体为次要锻炼的肌肉

☀ **小提示**

动作过程中，身体保持稳定。

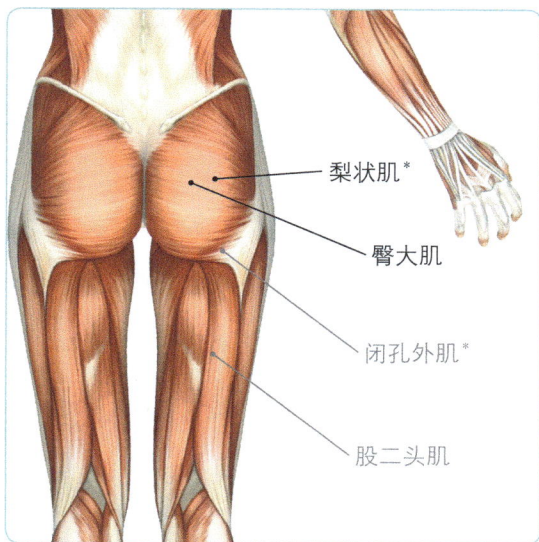

梨状肌*

臀大肌

闭孔外肌*

股二头肌

动态仰卧式伸膝

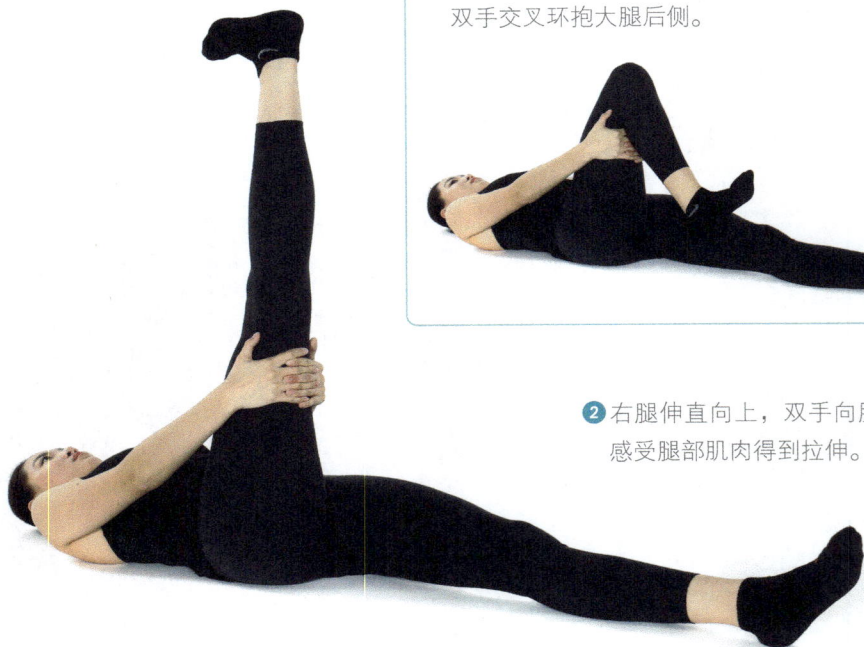

❶ 身体呈仰卧姿，左腿伸直放于地面，右腿屈膝提起。双手交叉环抱大腿后侧。

❷ 右腿伸直向上，双手向胸前拉伸右腿，感受腿部肌肉得到拉伸。

• 避免	• 正确做法
背部弓起	肩部和颈部保持放松

❸ 恢复准备姿势，完成规定的次数。对侧亦然。

锻炼目标
• 大腿

锻炼器械
• 徒手

级别
• 初级

呼吸提示
• 全程均匀呼吸

注意 ⚠
• 若髋关节或膝盖有不适，则不建议进行此项训练

- 半腱肌
- 半膜肌
- 股二头肌

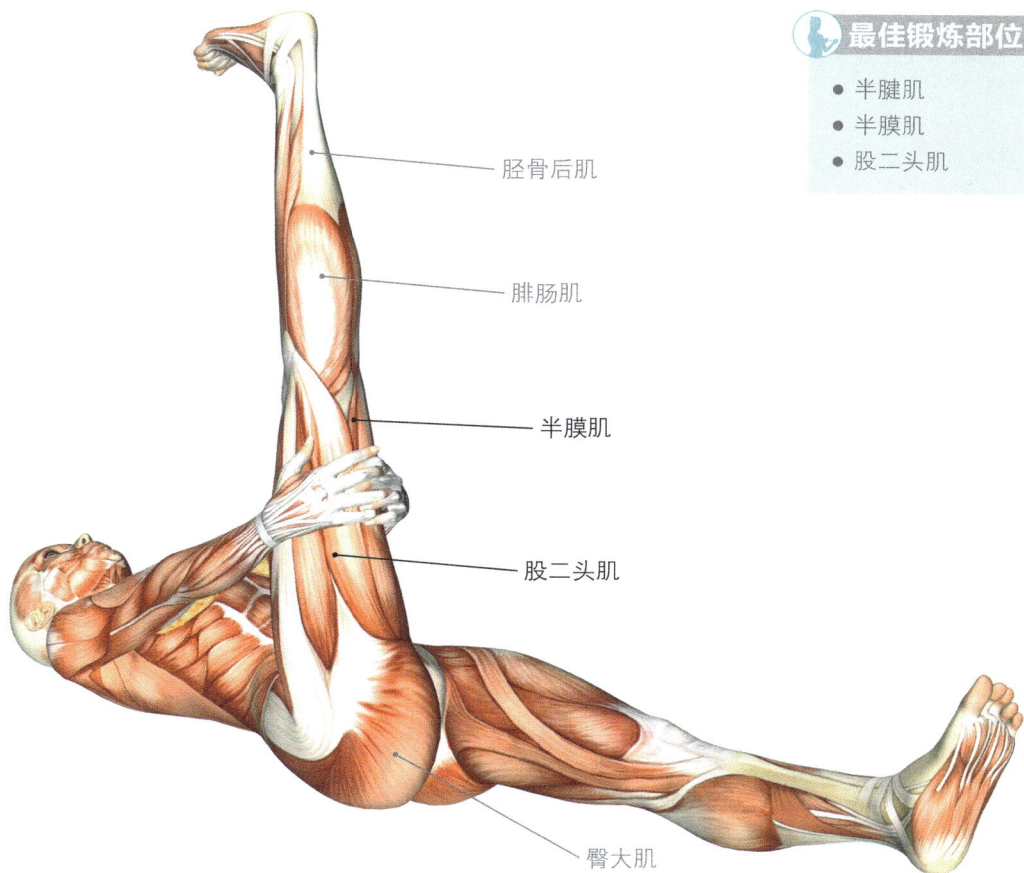

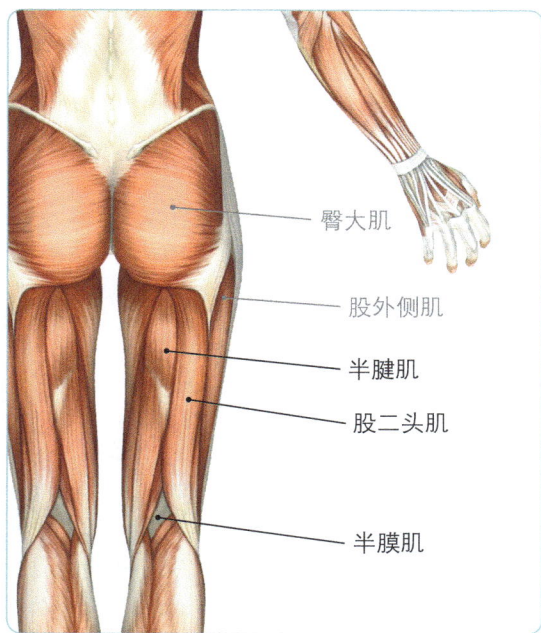

胫骨后肌

腓肠肌

半膜肌

股二头肌

臀大肌

臀大肌

股外侧肌

半腱肌

股二头肌

半膜肌

◆ **解析关键**

黑色字体为主要锻炼的肌肉

灰色字体为次要锻炼的肌肉

腘绳肌拉伸

① 身体呈坐姿，躯干挺直，双腿向前伸展。将弹力带中部绕过双脚脚掌，双手分别握紧弹力带两端。双臂向前伸直，保持弹力带绷直。

锻炼目标
● 大腿

锻炼器械
● 弹力带

级别
● 初级

呼吸提示
● 全程均匀呼吸

注意 ⚠
● 若膝盖或下背部存在不适，则不建议进行此项训练

● **避免**
弯腰弓背
脚尖下压

● **正确做法**
核心收紧
膝关节伸直

② 保持双腿伸直，躯干前倾，双臂屈肘后拉弹力带，至手部位于胸部下方。恢复准备姿势，完成规定的次数。

第9章
拉伸训练

肱二头肌

肱三头肌

肘肌*

腹直肌

比目鱼肌

腓肠肌

股二头肌

菱形肌*

竖脊肌*

多裂肌*

半腱肌

股二头肌

半膜肌

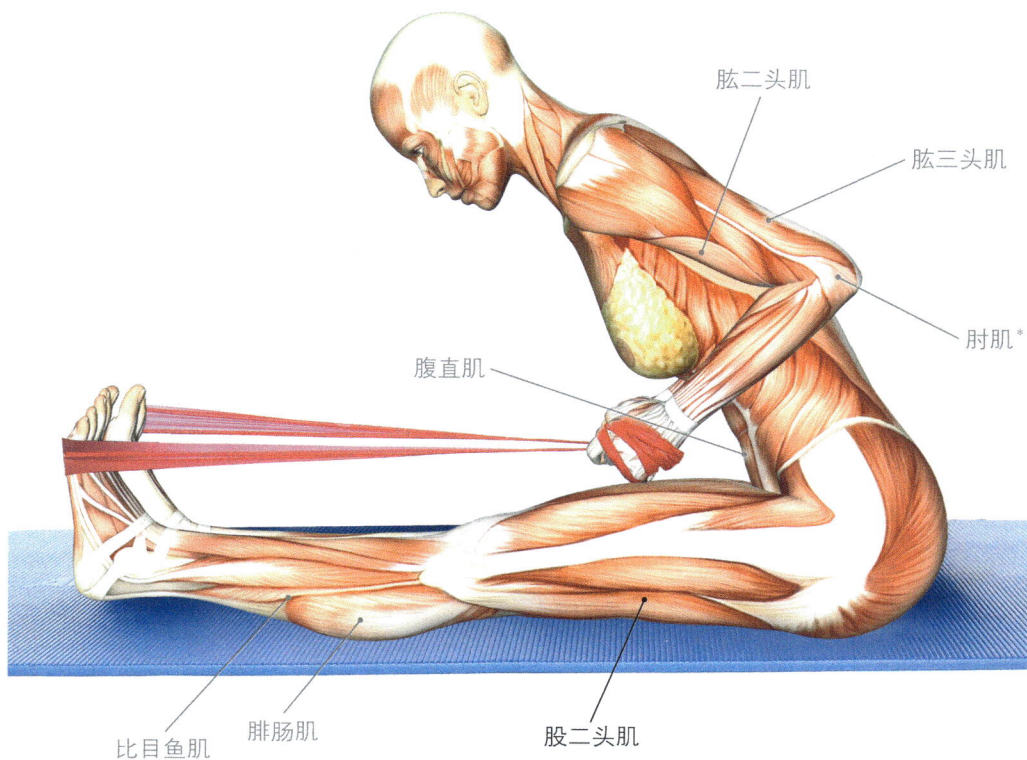

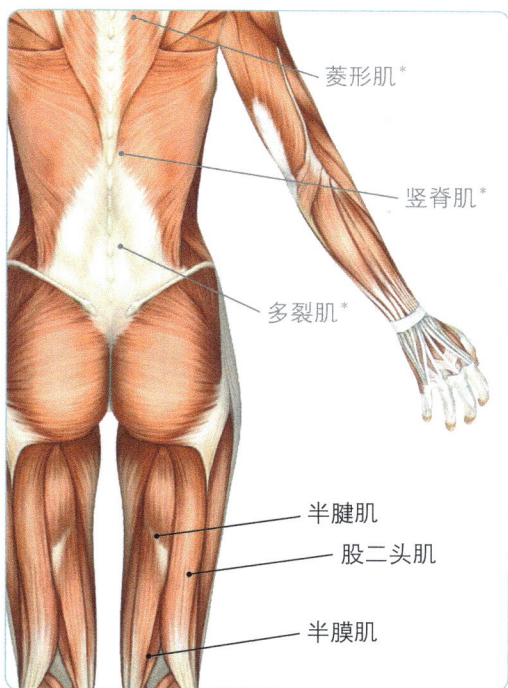

最佳锻炼部位

- 股二头肌
- 半腱肌
- 半膜肌

◆ 解析关键

黑色字体为主要锻炼的肌肉

灰色字体为次要锻炼的肌肉

☀ 小提示

拉伸过程中，双臂始终紧贴身体两侧。

10

CHAPTER TEN

第10章
训练计划

上肢减脂塑形

基础版

序号	动作名称	重复次数（保持时间）	组数	间歇时间	页数
1	胸前水平推	**15**次			100
2	斜角下拉	**15**次			106
3	单臂长号胸前推	（左右各）**15**次	7 个动作为一组；共 2~3 组	动作间间歇 15 秒；组间间歇 30 秒	52
4	双臂弯举	**15**次			54
5	直腿后拉	**15**次			116

序号	动作名称	重复次数 （保持时间）	组数	间歇时间	页数
6	双臂肩上推举	**15**次	7 个动作为 一组；共 2~3 组	动作间间歇 15 秒；组间 间歇 30 秒	36
7	拉弓	（左右各） **15**次			42

提高版

序号	动作名称	重复次数 （保持时间）	组数	间歇时间	页数
1	爆发力前推	**15**次	12 个动作 为一组；共 2~3 组	动作间间歇 15 秒；组间 间歇 30 秒	108
2	反向飞鸟	**15**次			40

第10章

训练计划

191

序号	动作名称	重复次数 （保持时间）	组数	间歇时间	页数
3	双臂前平举	**15** 次			32
4	双臂侧平举	**15** 次			34
5	飞鸟	**15** 次	12 个动作 为一组；共 2 ~ 3 组	动作间间歇 15 秒；组间 间歇 30 秒	98
6	双臂俯身后拉	**15** 次			112
7	双臂弯举	**15** 次			54

第 10 章

训练计划

序号	动作名称	重复次数（保持时间）	组数	间歇时间	页数
8	双臂屈臂伸	**15**次			66
9	前臂旋转	（左右各）**15**次			58
10	单侧伸腕练习	（左右各）**15**次	12 个动作为一组，共 2 ~ 3 组	动作间间歇 15 秒，组间间歇 30 秒	64
11	肩关节旋内	（左右各）**15**次			48
12	挺身练习	**15**次			114

第10章

训练计划

下肢减脂塑形

基础版

序号	动作名称	重复次数 （保持时间）	组数	间歇时间	页数
1	深蹲	**15**次			86
2	双臂硬拉	**15**次			84
3	单侧蹬腿	（左右各） **15**次	7 个动作为 一组；共 2 ~ 3 组	动作间间歇 15 秒；组间 间歇 30 秒	90
4	单侧腘绳肌收缩	（左右各） **15**次			82
5	单侧踝跖屈	（左右各） **15**次			88

序号	动作名称	重复次数 （保持时间）	组数	间歇时间	页数
6	 侧向走	（左右各） **15** 次			92
			7 个动作为 一组；共 2～3 组	动作间间歇 15 秒；组间 间歇 30 秒	
7	 阻力前弓步	（左右各） **15** 次			72

提高版

序号	动作名称	重复次数 （保持时间）	组数	间歇时间	页数
1	 侧向走	（左右各） **15** 次			92
			12 个动作 为一组；共 2～3 组	动作间间歇 15 秒；组间 间歇 30 秒	
2	 深蹲	**15** 次			86

序号	动作名称	重复次数 （保持时间）	组数	间歇时间	页数
3	双臂硬拉	**15**次			84
4	单侧髋内收	（左右各） **15**次			76
5	单侧髋外展	（左右各） **15**次	12个动作 为一组；共 2～3组	动作间间歇 15秒；组间 间歇30秒	80
6	单侧蹬腿	（左右各） **15**次			90
7	单侧髋后伸	（左右各） **15**次			78

第10章

训练计划

序号	动作名称	重复次数（保持时间）	组数	间歇时间	页数
8	半蹲侧向走	（左右各）**15**次			70
9	阻力前弓步	（左右各）**15**次			72
10	双脚提踵	**15**次	12 个动作为一组；共 2 ~ 3 组	动作间间歇 15 秒；组间间歇 30 秒	94
11	单侧腘绳肌收缩	（左右各）**15**次			82
12	单侧踝跖屈	（左右各）**15**次			88

第10章

训练计划

核心减脂塑形

基础版

序号	动作名称	重复次数 （保持时间）	组数	间歇时间	页数
1	半程卷腹	**30**秒			138
2	挺身练习	**30**秒			114
3	躯干侧屈	**30**秒			124
4	双腿臀桥	**30**秒	7 个动作为一组；共 3 组	动作间间歇 15 秒；组间间歇 30 秒	140
5	侧桥	**30**秒			146
6	脚踩弹力带旋转上提	**30**秒			130
7	旋转下砍	**30**秒			134

提高版

序号	动作名称	重复次数（保持时间）	组数	间歇时间	页数
1	半程卷腹	**30** 秒			138
2	反向平板	**30** 秒			144
3	躯干旋转	**30** 秒	9 个动作为一组；共 3 组	动作间间歇 15 秒；组间间歇 30 秒	126
4	躯干侧屈	**30** 秒			124
5	双腿臀桥	**30** 秒			140
6	侧桥	**30** 秒			146

（续表）

序号	动作名称	重复次数 （保持时间）	组数	间歇时间	页数
7	脚踩弹力带旋转上提	**30**秒			130
8	旋转下砍	**30**秒	9 个动作为 一组；共 3 组	动作间间歇 15 秒；组间 间歇 30 秒	134
9	挺身练习	**30**秒			114

第 10 章

训练计划